Consultable aussi sur Microfiche
          MF V 9016
          MF V 9017

DE LA CHUTE IMMINENTE

DE LA SCIENCE
DE LA CONSTRUCTION DES BATIMENS
EN FRANCE.

DES CAUSES DIRECTES ET INDIRECTES
QUI L'ACCÉLÈRENT;

PAR CHARLES-FRANÇOIS VIEL, Architecte des Hôpitaux et Hospices civils, Membre du conseil des Travaux publics du département de la Seine, de la Société Philotechnique, de l'Académie royale de Turin.

« Combattre pour les intérêts du goût et de
« la science, c'est combattre : *Pro aris et focis.* »

PREMIÈRE PARTIE.

A PARIS;

Chez { L'AUTEUR, rue Saint-Jacques, n°. 288, près le Val-de-Grâce;
{ TILLIARD frères, libraires, rue Haute-Feuille, n°. 22;
{ GOEURY, libraire, quai des Grands-Augustins, n°. 41.

Août 1818.

OBSERVATIONS.

Cet ouvrage : *De la Chute imminente de la science de la Construction*, est tout-à-fait différent du discours qui est à la tête du deuxième volume de mon œuvre : *Décadence de l'Architecture à la fin du dix-huitième siècle*, publié en 1800 ; celui-ci ne traite que de l'altération survenue à cette époque dans l'*ordonnance :* l'ouvrage que je livre à l'impression aujourd'hui, est spécial à *la construction*. Dans le discours *de la Décadence de l'architecture*, je dis l'union qui existe entre la *composition* d'un plan et sa *construction*. On y lit, page 10 :

« Qu'il existe une dépendance réelle entre les proportions
« qui constituent la belle ordonnance des bâtimens, et celle
« qu'exige la solidité de leurs constructions. »

Dans l'ouvrage de ce jour, j'y rappelle seulement les mêmes idées qui se lient au sujet qui le compose : l'état actuel de la construction.

Voilà l'analogie qui existe entre l'ouvrage imprimé en 1800, et celui-ci.

DIVISION

DE LA PREMIÈRE PARTIE DE L'OUVRAGE.

AVANT-PROPOS.

I. LA construction est entièrement distincte du mécanisme de la *stéréotomie*, et de toute main-d'œuvre en bâtiment. — Des écoles de *Trait* à Paris.

II. DE la dispersion des architectes; de ses effets destructeurs de l'art et de la science.

III. BATISSES diverses faites dans les grands hôpitaux de Paris, en 1778, 1779, etc., selon un système dit *économique*.

IV. DE la renaissance du système *économique* en construction, et de son extension depuis 1811.

V. DE l'église de la Madeleine; des constructions à faire pour la solidité de ce temple ; rejet du fer et des points d'appui-indirects ; rejet commandé par la science, par l'intérêt public.

VI. EXAMEN des deux plans de L'ÉGLISE DE LA MADELEINE; sujets de l'appel de la commission spéciale des *Dix*, en l'année 1817.

DE LA CHUTE IMMINENTE

DE LA SCIENCE

DE LA

CONSTRUCTION DES BATIMENS

EN FRANCE.

DES CAUSES DIRECTES ET INDIRECTES
QUI L'ACCÉLÈRENT.

IMPRIMERIE DE Vᵉ H. PERRONNEAU,
quai des Augustins, nº 39.

AVANT-PROPOS.

L'accueil que le public ami des arts a fait à la doctrine que je professe en architecture (1), me livre à l'espoir que le sujet de ce discours l'intéressera (2).

Il traite des causes *directes* et *indirectes* qui accélèrent la *chute de la science de la construction*.

Les causes *directes*, sont l'envahissement du domaine de l'architecture par les mécaniciens et les bâtisseurs, résultat nécessaire de la destruction de l'académie d'architecture.

Les causes *indirectes*, sont l'interversion survenue de la part de spéculateurs, de gens d'affaires d'une nouvelle espèce, dans les opérations de bâtimens; et aussi, les classes nombreuses et diverses d'architectes qui pullulent depuis peu, au lieu d'une seule classe que l'art reconnaisse.

L'action de ces diverses causes devient sensible par les développemens que renferme cet ouvrage, qui devait paraître en *mars* 1815, dont plu-

---

(1) *Principes de l'ordonnance et de la construction des bâtimens.* Cinq volumes grand in-4°; le cinquième, atlas, contient les édifices que j'ai composés et construits.

(2) Une deuxième édition que je vais faire de plusieurs chapitres du second volume de mon œuvre, est la preuve de cet accueil des amis de l'architecture; il soutient mon travail. J'ai fait, en 1812, une second édition de mon *Mémoire sur la restauration des piliers du dôme de Sainte-Geneviève* ; la première édition datait du mois de mars 1797.

AVANT-PROPOS.

sieurs feuilles ont été imprimées (1); mais à cette époque, si fatale à la France, où le Roi quitta sa capitale, aux évènemens des cent-jours, j'en suspendis l'impression.

Alors, apparut de nouveau, au milieu de nous, la Discorde, fille du crime (2); la Discorde, mère des funérailles (3) : alors toutes les convulsions révolutionnaires reprennent leur activité ; la terreur, le spectre de la mort parcourent nos provinces, et se précipitent dans Paris même.

> . . . . *crudelis ubique*
> *Luctus, ubique pavor et plurima mortis imago ;*
> *Quis temperet . . . . . à lacrymis ?* (4)

Les tempêtes politiques bouleversent tout ; au milieu d'elles, les lettres, les beaux-arts restent silencieux, ou ne jettent que de tristes lueurs.

« Dans ces temps de malheurs, pour le sage, l'esprit n'a d'autre lieu que
« lui-même ; il doit, au milieu des plus grands dangers, se roidir contre
« eux, et se livrer à la méditation. »

L'essence ou la nature de l'homme, a dit *Descartes*, n'est que penser, et qui pour être, n'a besoin d'aucun lieu.

L'ame ne se sépare de rien :

Rien ne la surprend (5).

Ces idées sublimes, si dignes des génies qui les ont conçues, sont les

---

(1) Le titre était :
De la chute imminente de l'art de bâtir; de la nécessité du rétablissement de l'Académie royale d'architecture pour le relever.

(2) Homère.
(3) Milton.
(4) Virgile.
(5) Massillon.

AVANT-PROPOS.

seules capables de consoler l'homme sensible, et qui aime sa patrie, au milieu de l'instabilité de l'état social; de le calmer au milieu des succès du *crime*, et en opposition des maux qui accablent la *vertu*.

A l'époque donc de la déplorable tourmente des *cent jours*; pénétré de ces idées sur la nature de l'esprit, jugeant d'après l'expérience que j'avais faite des ressources de la méditation, dans le cours trop prolongé de nos dissentions civiles ; constamment attaché à l'étude de l'art qui occupe toutes mes pensées, pour en appliquer les produits au service des bâtimens publics qui me sont confiés; pour me distraire de nouveau, autant qu'il était en mon pouvoir, des idées les plus sombres, je me livrai à de nouvelles recherches sur la construction des hôpitaux (1).

JE n'ignore pas, en publiant cet ouvrage, dans lequel j'ai réuni plusieurs *faits* nouveaux à ceux qui le composaient à l'époque où je devais le mettre au jour, il y a trois ans; *faits* utiles à connaître pour intéresser à défendre la science de la construction de sa chute ; je n'ignore pas, je le répète, que parler de la *science* de la *construction* en architecture, cet art si outragé maintenant; que signaler la témérité d'ordonnateurs, leur

---

(1) Je me propose de mettre au jour ce travail, et de l'accompagner du plan général d'un Hôtel-Dieu, que j'ai composé en 1780, recueilli dans les mémoires de l'Académie royale des sciences, année 1787.

Je le fais graver à cette fin. Je donnerai de nouveaux détails sur les armatures diverses et variées que j'ai successivement faites pour le service des bâtimens des hôpitaux, et subvenir au manque total actuel des poutres à Paris. A cette fin, j'ai converti en poutres de simples filets de dix pouces carrés, de trente pieds de long, plus durables, plus solides que les *poutres* de deux pieds carrés de même longueur, et cependant d'un prix plus faible que les poutres elles-mêmes. J'ai développé les causes qui doivent faire rejeter les poutres mêmes, s'il en existait, dans le compte publié en 1817, sur les poutres de l'amphithéâtre de l'Hôtel-Dieu, que j'ai construit en 1816.

Les filets-poutres dont je parle, je les ai composés en 1817 et 1818, pour l'hôpital d'*Accouchement* et celui de la *Charité*; sept pour ce dernier établissement.

mépris des *lois* qu'elle impose pour la solidité ; je n'ignore pas qu'un tel examen ne soit d'un faible intérêt pour une partie de la société.

CEPENDANT, la thèse que je vais soutenir est d'un intérêt social, le motif en est tout entier dans le devoir d'éclairer ceux qui s'égarent (1).

SANS doute qu'il n'en est pas de même, en indifférence, pour *l'art théâtral*, menacé de décadence ; car aujourd'hui, selon la remarque d'un juge éclairé,

« L'ON va au théâtre principalement pour les acteurs en vogue. »

AINSI, d'une part, cette disposition des esprits est un véhicule puissant d'émulation pour les artistes dramatiques ; de l'autre part, les *acteurs en vogue* obtiennent les produits les plus abondans de l'exercice de leurs talens.

ET, à tous ces avantages pour les *acteurs*, se réunit celui de ne pouvoir être dépouillés par des plagiaires du fruit de leurs études.

VOILA de grands moyens bien capables d'opérer la restauration de l'art théâtral (2).

OR l'architecture, comme *art*, comme *science*, toute délaissée qu'elle soit généralement de nos jours, néanmoins il existe encore un certain nombre d'amateurs qui lui sont attachés. Il en est que leur rang, leurs fonctions, leurs lumières rendent attentifs à ce qui se passe dans les travaux publics des bâtimens de la capitale. Les citations nombreuses, toutes

---

(1) Pensée d'un orateur du barreau, très-distingué.
(2) Une commission a été chargée en 1817, par le Ministre secrétaire d'état de l'intérieur, d'examiner les moyens de prévenir la décadence de l'art théâtral en France, et de lui faire un rapport à ce sujet.

prises dans des écrits divers et nouveaux, que je fais dans cet ouvrage sur l'Architecture, prouvent que cet art n'est pas totalement dédaigné. Je sais aussi que nous possédons encore en France plusieurs architectes qui aiment la science de leur art, et capables de le soutenir avec succès. Ces classes diverses ne seront point indifférentes aux vérités que je vais leur présenter. Je me persuade que l'Administrateur, le Magistrat qui s'intéressent plus particulièrement aux bâtimens publics, et au bon emploi de l'*argent* que leurs constructions exigent ; je me persuade, dis-je, que le sujet de ce Discours, et toutes les parties qui le composent, obtiendront leur attention.

Dans mes observations, toujours fidèle, comme dans mes précédens écrits, à ce que je dois d'égards à la société, je ne traiterai que des choses ; je me suis fait une loi de mettre les hommes hors de cause. Ma devise est constamment la même :

Parcere personnis, dicere de vitiis (1).

« Toujours l'honneur, la science, a dit un auteur délicat, auront la
« même langue. »

Jamais je ne franchirai la limite du domaine de l'architecture dans mes dissertations sur cet art.

Relever des erreurs évidentes, nuisibles à la société, résultats de systèmes destructeurs des principes ; soumettre au public une censure motivée de constructions nouvelles d'édifices publics, radicalement vicieuses en solidité, sont mes seules vues. Je me suis constamment pénétré de la leçon :

Qand on écrit, il n'y a de force que dans la raison.

---

(1) *Martialis*, lib. 8, ep. 33.

Ainsi, je puis dire avec Bayle :

« Les républiques des lettres et des beaux-arts sont des états extrême-
« ment libres ; on n'y reconnaît dans l'un, que l'empire de la vérité et de
« la raison ; dans l'autre, que la science, le goût et le jugement ; et sous
« leurs auspices on fait la guerre innocemment à qui que ce soit. »

Au reste, il faudra bien convenir que :

Ejus est interpretare, cujus est condere.

DE LA CHUTE IMMINENTE

DE LA SCIENCE

DE LA CONSTRUCTION DES BATIMENS.

> « En construction, les faits sont les
> « vérificateurs de la science : l'histoire
> « des résultats est le guide le plus sûr
> « pour en juger. »

I. LA CONSTRUCTION EST DISTINCTE DU MÉCANISME DE LA COUPE DES PIERRES; DE TOUTE MAIN-D'OEUVRE EN BATIMENS.

JE ne me dissimule point, en exposant dans ce discours les tristes résultats des systèmes nouveaux de bâtir tant célébrés,

« Que ce n'est pas le tout que d'avoir raison. »

Cependant l'on ne pourra m'appliquer les paroles d'un roi de Lacédémone : que je tiendrais mal à propos de très-bons propos. *Les faits* me commandent de parler sur un sujet d'un intérêt réel, et public et particulier.

Je n'ai point oublié le précepte :

. . . . que,
Desperat tractata nitiscere posse, relinquit.

J'espère, au contraire, ne pas écrire en vain pour l'art. Mais avant d'entrer en matière, avant de décrire les vices de *construction* qui se multiplient dans les édifices publics qui s'érigent sous nos yeux dans la capitale même, je dois donner la définition exacte du mot *construction;* d'abord, afin que le lecteur reconnaisse plus facilement les vérités que je vais dire sur l'altération où se trouve cette branche de l'architecture ; ensuite, d'en juger les premières causes.

Je rappelerai :

Que l'architecture est un *art*, parce qu'elle exige de l'imagination pour créer et tracer des plans dont les dispositions soient heureuses ; elle exige une intelligence prononcée dans l'invention des masses ; elle exige un goût, un jugement rares pour saisir et assigner le caractère particulier des édifices, selon leur destination.

L'architecture est aussi une *science*, parce que toutes ses compositions restent incomplètes sans la *construction ;* et cette partie repose tout entière sur les rapports qui doivent exister entre les masses, et qui constituent la solidité.

Ainsi, dès que la construction est en décadence, la chute de *l'architecture* est inévitable.

C'est pourquoi l'architecte doit réunir pour la *composition* : génie, goût, jugement.

Pour la *construction :* il doit avoir une instruction substantielle, une connaissance entière des *principes*, posséder une grande *expérience*.

La définition du mot propre *construction* est d'autant plus nécessaire, à donner, que, de nos jours, on la fait dépendre de la *stéréotomie* (1), tandis que celle-ci n'est que sa suffragante.

La valeur du mot *construction* est tellement méconnue maintenant, qu'on lit dans des ACTES PUBLICS :

Entrepreneurs-Constructeurs ;

Tandis que les architectes seuls sont *constructeurs ;* et que les entrepreneurs les plus intelligens, les plus capables à exercer leur état, sont *appareilleurs-bâtisseurs.*

Les mots *construction*, *stéréotomie* ne sont nullement identiques ; ils ne sont point synonymes.

La science de la construction est très-différente du mécanisme de la *stéréotomie.*

La construction, aussi ancienne que l'architecture, naquit avec elle, sans avoir été cependant comme *Minerve*, au sortir du cerveau de Jupiter, pourvue de toutes les vertus ; néanmoins, à sa naissance, la *construction* réunissait déjà toutes les qualités propres aux productions de l'architecture, pour la solidité.

« Il est dans la nature, que les prodiges des arts naissent sans efforts
« empreints de ce sceau d'immortalité que le sentiment et le génie donnent à
« leurs ouvrages (2). »

L'ORGANISATION heureuse, le génie des architectes de ces temps reculés, leur avaient pour ainsi dire donné la *préscience* de la *construction.*

Ainsi s'expliquent, avec toute raison, les étonnans et immenses ouvrages d'architecture, et de *Babylonne*, et de *Thèbes*, et de *Memphis*, tous créés par

---

(1) La coupe des pierres, etc.   (2) Pensées d'un littérateur de nos jours.

des nations ingénieuses, dès l'origine de la civilisation, en *Asie*, en *Afrique*, ces contrées si célèbres à tant de titres, tandis que le reste du globe n'était habité que par des peuplades sauvages éparses dans les bois qui le couvraient.

Il en a été de même pour toutes les productions de l'esprit, et entre celles qui occupent le premier rang : *les lois*, qui ont constitué les hommes en corps de nations; leurs auteurs, pour ne citer que quelques-uns d'entre eux, les *Solon*, les *Numa*, les *Confucius*, ces *législateurs*, dès l'origine, ont établi les bases fondamentales des sociétés.

Et pour revenir à mon sujet, il est certain que les monumens de l'*Égypte* qui comptent des milliers d'années d'existence, la doivent à la nature *de leur construction*. De même, c'est par la *construction* que les édifices de *la Grèce et de Rome*, ont traversé des siècles. Et, cependant, le *trait* n'était pas connu chez ces peuples savans.

Milizia, dans son ouvrage sur les arts, appelle la coupe des pierres, *fille de notre pauvreté* (1).

Je le demande : oserait-on dire que la fameuse voûte de *Guacharo*, en Amérique, dont le diamètre a 80 pieds, et la hauteur 72 pieds, la longueur de 1458 pieds et plus, aurait été construite par l'art du trait ? non certes.

La *stéréotomie* compte à peine trois cents ans.

Au quinzième siècle, vers la fin, époque du retour à l'architecture grecque, les bâtimens se composèrent d'un mélange de formes antiques avec les formes gothiques ; les *trompes* de toutes les espèces ; *les arrières-voussures* les plus variées ; les voûtes en *arc de cloître sur des pentagones réguliers et irréguliers*, etc., etc. Tous genres de construction bien dignes de l'espèce hermaphrodite d'architecture d'alors ; le mécanisme *du trait* parut pour en réaliser l'exécution. Les édifices de ces temps barbares encore, apprennent cela,

---

(1) J'ai cité ce jugement dans mon dis— Paris, 1800.
cours : *Décadence de l'architecture*, p. 18.

La *stéréotomie*, la coupe des solides, appliquée à la pierre, devint nécessaire sans doute pour l'érection des bâtimens construits par les Pierre Lescot, les Goujon, les Ducerceau, les Philibert de Lorme; l'architecture, quoique délivrée par eux des langes qui l'enveloppaient, et qu'elle eût recouvré son antique grandeur, sa pureté originelle; cependant, ces habiles architectes, par le défaut de matériaux de grandes dimensions, tels que les architectes de l'antiquité en disposaient, obligés d'employer des pierres de faible échantillon pour les plattes-bandes et les voûtes; *nécessité d'industrie est la mère* (Gresset) ; ils eurent recours à la *stéréotomie* qui soumet les solides à tous les développemens dont ils sont susceptibles ; ils employèrent les claveaux, les voussoirs de petites dimensions. Et tandis qu'ils dirigeaient la *stéréotomie*, dont ils étaient les vrais créateurs, dans les mains de l'appareilleur, ils exécutaient leurs compositions dans l'esprit des grandes, des nobles formes antiques dont ils avaient le génie; leurs plans conçus et tracés avec habileté, assuraient essentiellement aux édifices la plus parfaite solidité.

La *stéréotomie* prend sa source dans la géométrie; elle est hors de la science de la *construction*; elle est, comme je l'ai observé, purement *mécanique*; elle appartient à la classe des arts industriels; elle ne peut, par elle-même, garantir la durée des bâtimens; avantage qu'une heureuse conception dans les plans, et la science de la *construction* peuvent seules leur procurer.

En effet, l'appareil le plus parfait est incapable de contenir le mouvement des masses qui ne sont point dans *un repos absolu*, permanent.

Il existe à Paris un temple de première classe, érigé à la fin du dernier siècle, dans lequel le *trait* remplit une fonction principale et première dans ses constructions; et cet édifice qui a été le sujet de différens ouvrages soumis au tribunal des hommes instruits et amateurs de l'architecture, bien loin d'être dans *un repos parfait*, a non-seulement une tendance au *mouvement*, mais il en éprouve un très-sensible dans ses vastes péristiles intérieurs.

Le même édifice doit à la *stéréotomie*, dite *savante*, les vingt lunettes gothiques, et de toute inutilité, qui en déparent les voûtes. L'architecte ingénieux, auteur de ce monument, avait composé ses voûtes sans aucune brisure de ce genre; elles étaient enrichies de compartimens et de bas-reliefs dans le genre antique (1); et ces tribunes artificielles, en altérant l'ordonnance, portent une atteinte réelle à la solidité des voûtes ; ce qui est incontestable, car la structure des lunettes, véritable tour de force en *stéréotomie*, par le concours des coupes et des contre-coupes de leurs voussoirs ; ces lunettes ont un simple sommier de trois pieds carrés en pierre tendre, qui fait l'unique point d'appui à chaque angle des seize grands arcs de plein cintre, qui portent ensemble quatre voûtes hémisphériques de quarante pieds de diamètre !

L'ARCHITECTE a cédé, pour la construction compliquée de ces tribunes, comme pour toutes les grandes parties de son édifice, à l'ascendant sur son esprit des systèmes des physico-mathématiciens qui l'obsédaient de son vivant, et dont les calculs n'ont pu sauver l'édifice de la plus triste catastrophe, dans ses parties principales, qui a éclaté au commencement de ce siècle.

Donc la *coupe des pierres* la plus étudiée, la plus scientifique, ne peut compenser l'absence des proportions dans les masses pour la solidité ; donc elle n'est pas la *construction*.

Un second exemple va concourir, avec le précédent, a pouver cette proposition d'un intérêt si majeur.

La Halle-au-Blé de Paris, édifice important, a été érigée par des *bâtisseurs* très-intelligens, expérimentés ; ils avaient tous une volonté éclairée, louable de bien faire : c'est pourquoi ils choisirent pour l'exécution, les *appareilleurs* les plus capables, les plus adroits, possédant parfaitement la *stéréotomie* ; aussi on peut le dire : la maçonnerie entière, et la pierre et la brique, les seules natures de matériaux employées dans ce monument, a été traitée avec habileté, avec tout le soin possible en main-d'œuvre. Cependant la Halle-au-Blé manque des

---

(1) Les gravures spirituelles, exactes, *Germain*, faites en 1765, ont conservé aux arts, cette large et noble composition d'architecture ; je les ai sous les yeux.

proportions nécessaires dans tous ses murs extérieurs ; omission qui compromet aujourd'hui sa durée de la manière la plus prononcée (1).

Un troisième exemple, mais inverse des deux premiers, donnera une preuve irréfragable que la solidité des édifices repose essentiellement dans les proportions que le génie et la science de l'architecte peuvent seules assigner à toutes les parties qui les composent. L'hôpital de *Bicêtre*, si connu, près de la capitale, au midi, est l'édifice qui me fournit cet exemple tout particulier.

Bicêtre, ordonné par Louis XIII, son ministre, Richelieu, chargea de cette grande opération l'architecte *Lemercier*.

Le plan général de Bicêtre est bien conçu ; les masses en sont bonnes, et les proportions des murs principaux de face et de refend sont habilement établis pour la solidité des élévations (2).

La façade principale de Bicêtre, au nord, a seule été construite par *Lemercier* ; à elle seule s'appliquent les observations suivantes.

Mais les *bâtisseurs* chargés de ces importans travaux, au contraire de ceux de la Halle-au-Blé de Paris, étaient ignorans, infidèles ; ils ont bien fourni le volume des cubes de maçonnerie déterminé par les plans de l'architecte, tandis que l'emploi des matériaux était fait sans choix, sans liaisons, et l'appareil totalement négligé ; un sable terrasseux, broyé avec de l'eau pure, en a composé les mortiers.

Malgré tant de fautes commises dans l'exécution des constructions de Bicêtre, *cent soixante années* se sont écoulées avant que l'édifice ait exigé des restaurations majeures ; les premières ont été faites dans les souterrains de cette façade principale au nord, en 1784.

---

(1) La Halle-au-Blé reparaîtra dans la seconde partie de ce discours, pour sa confortation à faire.

(2) Voir mes Notices sur les hôpitaux, pages 13, 14 et suiv. Paris, 1812.

L'administration de l'hôpital général, après une visite particulière qu'elle fit des souterrains à cette époque, où je l'accompagnai, m'ordonna de lui présenter des plans pour les travaux nécessaires : je m'en occupai sur-le-champ.

Les opérations que je proposai et qu'elle autorisa, furent la *reconstruction* des murs de refend qui divisent en caves tous les souterrains ; je n'eus aucune confortation à ajouter, *Lemercier* avait assigné aux murs les épaisseurs proportionnées.

Par suite des mêmes vices précédemment signalés dans le corps principal des bâtimens de Bicêtre, construit en 1620, l'un des deux gros pavillons de la façade au nord, celui est-nord, distribué en deux parties au rez-de-chaussée et voûté ; l'une, celle de l'angle nord, contenant les bains de l'hôpital ; l'autre, un vaste dortoir, à l'époque de janvier 1816, les murs de face, ceux de refend et les voûtes se déchirent, et menacent d'écrouler ; des étaiemens, des cintres, des contre-fiches ont comprimés ces effets de destruction (1).

Les proportions établies dans les plans de l'hôpital de Bicêtre ont donc fait subsister l'édifice près de *deux siècles*, quoique de la plus mauvaise main-d'œuvre dans ses bâtisses ; et les travaux que je viens d'exécuter, dans cette restauration comme dans celle des souterrains en 1784, citées précédemment, n'ont causé dans le plan, ni dans l'ordonnance, aucune altération ; les principes de la solidité, les proportions dans les plans avaient été religieusement observés.

---

(1) J'ai reconstruit, en 1817, l'intérieur de ce pavillon. Les bains ont leurs murs en totalité faits en pierre de roche et de meulière ; la voûte est en pierre de taille dure, et en brique de Bourgogne. Le dortoir adhérent a été aussi reconstruit en partie, et la voûte remplacée par un plancher. Les poutres en sont de faible grosseur, douze pouces, et trente pieds de long ; mais puissamment confortées par des armatures solides que j'ai composées à cette fin.

Je me propose de faire graver ces fragmens de constructions, réunis à plusieurs autres que j'ai exécutés sur mes plans depuis peu d'années dans les grands hôpitaux de Paris.

Il en est autrement des deux premiers exemples, le temple de Sainte-Geneviève et la Halle-au-Blé, construits de bons matériaux et d'un excellent appareil. Il a fallu, pour le premier, le restaurer et le conforter après quarante années d'existence, et le *plan* et l'*ordonnance* ont été bouleversés. Cette opération si majeure, voulait les talens d'un savant artiste capable de concilier l'*harmonie linéaire* avec la *solidité*; mais elle a été livrée à des mains purement mécaniques qui ont déshonoré l'édifice dans le centre de sa composition. Dans tous les cas, il fallait ajouter de nouvelles masses, mais puissantes et nobles, ainsi que je l'ai dit et indiqué dans différens ouvrages publiés sur cette grande fabrique, à compter de 1797. Au contraire, les masses ajoutées dans la restauration, sont aussi pauvres qu'insuffisantes. L'espèce et la forme de ces accroissemens dans les piliers : « ont fait perdre à l'intérieur de cet édifice, une « grande partie de la beauté de ses formes (1). »

Si des *bâtisseurs* refusaient de reconnaître que les masses bizarres de cette *restauration* soient *insuffisantes*, je me bornerais à leur demander si les piliers nouveaux dont il s'agit, obtiennent quelque secours des péristiles qui leurs sont adhérens? Si les piliers actuels supporteraient seuls le corps entier du dôme, même avec le concours des quatre fameux arcs-chaînettes si vantés? Qu'ils s'en expliquent.

Maintenant, à l'égard de la Halle-au-Blé de Paris, qu'il faut absolument conforter, des accroissemens seront inévitables dans le plan, conséquemment dans les élévations des murs extérieurs. La composition, telle qu'on la voit aujourd'hui, ne peut être conservée. Assertion prouvée par suite des dissertations qui ont eu lieu par ordre du Gouvernement, et auxquelles j'ai été appelé (2).

Donc point de solidité réelle, constante, avec le seul agent mécanique de la *coupe des pierres*, ou celle de solides quelconques.

---

(1) *Annales des bâtimens*, n° IV, septembre 1817, page 175.

(2) Voir : *Dissertations sur les projets de coupoles de la Halle-au-Blé de Paris, et des moyens de confortations des murs extérieurs.*

Principes de l'ordonnance et de la construction, etc., 3ᵉ volume de mon œuvre. Paris, 1809.

Donc, la science de la *construction* est particulière, très distincte de l'art industriel du *trait*; elle est totalement indépendante des calculs algébriques; elle prend sa source dans les proportions générales; je le dirai sans cesse : créée par le génie des architectes de la plus haute antiquité, la *construction* a été successivement perfectionnée avec *l'ordonnance*, par les Grecs, doués d'un jugement sain, d'un goût instinctif, justifiés par l'expérience; ce sont eux qui ont établi des principes exprimés par les lignes, celles qui sont propres et caractéristiques de l'architecture; lignes dont l'heureuse combinaison garantit la solidité la plus parfaite dans les édifices érigés aux plus beaux temps de la civilisation chez ces peuples anciens. C'est alors que l'architecture prit des teintes diverses selon le genre auquel appartenaient ses compositions; et ses lignes, par leurs proportions variées, par leur harmonie, constituèrent de bons plans, conséquemment de solides bâtimens (1).

L'ÉTUDE de ces principes, à laquelle se livre l'homme né avec le génie de l'architecture, lui procure donc la science de la construction, l'initie dans ses mystères; science sans laquelle tout n'est qu'erreur dans l'érection des bâtimens.

LES grands architectes modernes de l'*Italie*, de la *France*, ont possédé éminemment cette science, leurs œuvres l'attestent.

QUICONQUE est incapable de composer un édifice dont le plan soit bien proportionné, n'est point *architecte*, conséquemment n'est point *constructeur*.

DISONS ici un mot des voûtes qui, dans nos constructions modernes, sont les sujets spéciaux de l'application de la *stéréotomie*, que nécessitent toutes les formes bizarres et les tours de force dans les bâtisses semi-gothiques; mais que la véritable, la belle architecture rejette : elle n'admet que les genres d'appareils les plus simples.

---

(1) Ces divers élémens d'architecture sont développés dans mon Traité, 2ᵉ vol., chapitre *De la solidité des bâtimens*, etc.: *Principes de l'ordonnance et de la construction*, etc.

JE distinguerai quatre sortes de voûtes sous le seul rapport des matériaux qui les construisent et qui influent plus ou moins sur les épaisseurs des murs qui les portent (1).

LA première sorte, celle composée de gros blocs de pierre, dont les Égyptiens sont les auteurs, s'adapte avec succès, pour la solidité, aux édifices de tous les modules, aux plus grandes voûtes (2).

LA seconde sorte, sont les voûtes construites avec des scories de volcans, « elles sont si légères qu'il n'est pas besoin de les contreventer; elles se « maintiennent toujours entières et ne peuvent être entamées que par un « instrument de fer ».

CETTE sorte de voûte, de construction particulière, a été exécutée en Italie, et dans les contrées polaires, le *Groenland*.

MAIS ce genre de construction ne convient qu'aux voûtes de faible, ou de moyen module, et nullement à celles d'un grand diamètre.

LA troisième sorte, est celle faite par excavation dans le corps des montagnes très-élevées, composées de bancs de pierres dures quelconques. *L'Europe*, *l'Asie*, *l'Amérique* offrent de ces voûtes, et des plus grandes dimensions.

---

(1) J'ai traité des rapports entre les voûtes et les murs sur lesquels elles s'érigent. *Principes de l'ordonnance.* 3e v. Paris, 1809.

(2) J'ai construit des voûtes de cette espèce dans l'un de nos hôpitaux de Paris, au rez-de-chaussée. Les colonnes sont distribuées sur un plan carré correspondant à des piédroits en forme de pilastres adhérens aux murs environnans; elles ont deux pieds de diamètre, dix pieds de hauteur, espacés de cinq pieds d'une part, et de sept pieds de l'autre part; des platte-bandes d'un seul morceau et en coupe, reposent sur un sommier au-dessus des chapiteaux, et les lient entre elles. Chaque division compose un plafond entre les colonnes, construit d'un morceau unique de cinq pieds sur sept pieds, de quinze pouces d'épaisseur, et en contre-coupe sur les platte-bandes; le tout en pierre la plus dure, dite de la *Remise sous Bagneux-lès-Paris*.

La quatrième et dernière espèce de voûte pour la construction, consiste en un nombre de panneaux artificiels, ou en voussoirs de blocs de pierre ou de briques. Les édifices sacrés, les palais de l'Europe, sont généralement voûtés en ce genre.

Or, entre ces quatre sortes de constructions de voûtes, celles en voussoirs exigent seules l'agent du *trait*; elle est d'une poussée considérable; elle exige les études les plus approfondies pour être exécutée avec solidité, si leur diamètre est d'un grand module, et selon leur courbure plus ou moins surbaissée.

Les définitions du sens propre, *construction*, étaient d'autant plus indispensables a donner, que la classe des mécaniciens en bâtimens, se sont emparé de cette branche essentielle de l'architecture; ils sont parvenus à répandre une confusion qu'ils accroissent de tous leurs moyens, et que les affreuses circonstances qui ont désolé la France de nos jours, n'ont que trop bien servis.

L'erreur est propagée à cet égard, à un tel point, que dans des tables relatives à l'enseignement des élèves architectes, à l'école royale, au palais des Arts, les mots *Stéréotomie*, *Construction*, sont rangés dans la même catégorie (1).

Jamais l'académie d'architecture n'aurait souffert que dans son sein même, elle, directrice des études des élèves; jamais elle n'eût toléré que le maître de *trait*, et qui tenait d'elle ses fonctions, prétendît enseigner la *construction*, et signer : le *Professeur* de *Construction* et de *Stéréotomie*.

Aux temps de l'accadémie, le calendrier d'espèce semblable à celui cité, même section, porte la simple dénomination : *École de trait* (2). Alors les choses étaient à leurs places.

---

(1) *Almanach Royal*, section d'architecture, années 1817, 1818.

(2) *Almanach Royal*, avant la révolution.

Cependant, l'on remarque dans le classement des différens cours établis à l'école spéciale d'architecture (année 1818), l'ordre suivant :

1°. Architecture.
2°. Mathématiques.
3°. Stéréotomie, Construction.

Cette classification est naturelle : un bon génie a maintenu la *stéréotomie* au troisième rang ; la *construction* seule qui lui est réunie, est déplacée.

Les mathématiques occupent le rang qui leur appartient ; et, quoiqu'impuissantes qu'elles soient pour la solidité des bâtimens, elles sont utiles à quiconque reçoit une éducation, même ordinaire ; l'élève architecte doit donc en suivre les cours, si il ne les a étudiées à l'avance : la classe de mathématiques qui lui est absolument nécessaire, marche bien à la suite des études propres de l'art, à l'école royale d'architecture ; il en était ainsi à l'académie, dès son origine (1).

La remarque suivante doit être faite à l'égard de la stéréotomie.

Le maître de *trait*, prédécesseur de celui actuel, était très-instruit dans la coupe des pierres ; il possédait les connaissances nécessaires en géométrie, les sections coniques, desquelles relève plus spécialement le *trait* ; ce maître en *stéréotomie*, avant d'occuper cette place à laquelle il convenait parfaitement, avait été appareilleur de bâtimens à Paris, notamment de la dernière partie du Mont-de-Piété, rue de Paradis, en 1788.

Assurément cet habile et savant appareilleur n'a pas plus influé sur les proportions ni sur la nature, le genre de mes constructions pour leur solidité, que n'avait fait l'appareilleur de la première partie de cet édifice,

---

(1) J'ai indiqué la mesure nécessaire à l'architecte des connaissances en mathématiques, chapitre de mon Œuvre, *De l'Im-* *puissance des mathématiques pour assurer la solidité des bâtimens*, page 58. Paris, 1805.

en 1784, dont l'ensemble est composé d'une seule et même ordonnance, d'une seule et même espèce de *construction*.

Il en devait être ainsi : ces deux parties d'un même tout, avaient été, dès l'origine de la composition de mes plans, dépendantes absolument, par leur nature, l'une de l'autre, tracées, déterminées par moi, pour atteindre l'harmonie linéaire, pour rendre l'exécution solide.

Il résulte des remarques précédentes, que le cours de *construction*, à l'école royale et spéciale d'architecture, et qui ne s'y fait plus, relève uniquement de la première des classes qui la composent; parce que les *principes de la construction*, tout-a-fait différens de ceux de la *coupe des solides*, sont intimement liés à *l'ordonnance*. Ainsi, la chaire d'architecture, cette place honorable, impose au Professeur d'enseigner aux élèves la science de *l'art*, la *construction*, sans laquelle l'architecture ne peut exister.

Et cependant, malgré le titre pompeux usurpé, *construction*, donné au dix-neuvième siècle à *l'école de trait* établi dans la même enceinte que l'école royale d'architecture, les élèves architectes dont le nombre moyen, il n'est pas fixé, est *soixante-dix*, n'y assistent point ; aucun d'eux n'a l'envie d'être appareilleur. Quatre jeunes gens, étrangers aux concours spéciaux d'architecture, mais inscrits sur le registre des élèves, condition imposée, suivent la prétendue école de *construction* dans laquelle seulement des leçons de *trait* sont données (1).

---

(1) Depuis la destruction de l'académie, chaque année deux concours de *trait* ont lieu en épures, en modèles, et jugés par le même jury d'architecture qui prononce sur les *douze* concours des élèves architectes dont les programmes sont donnés chaque mois par le professeur d'architecture.

Les concours de *trait*, dirigés par le *maître* particulier de cette branche mécanique, ont en aspirans au prix *un seul*, quelquefois *deux*; ce dernier nombre était celui du 28 juin 1817. Le jury auquel j'assistais comme membre, n'a point décerné de prix à cette époque. Le concours jugé en *décembre* 1817, *stéréotomie*, coupe de pierres, a eu comme celui de juin *deux* concurrens au prix. Le concours de la même époque, pour l'architecture, comptait trente-huit élèves architectes. Le concours, *coupe de pierres*, jugé le 30 juin 1818, réunissait la masse entière des inscrits, quatre !

Si les élèves architectes se livraient à de pareils concours, bientôt l'architecture se précipiterait dans les formes gothiques et barbares, inévitable gouffre où la conduiraient les études *d'arrières-voussures*, *de poligones réguliers*, *irréguliers*, *de voûte sphérique coupée irrégulièrement par un pentagone inscrit dans le diamètre de sa base*, etc. (1) Tous programmes que le maître de *trait* dicte aux assistans de ses cours.

Donc, de tels concours sont non-seulement inutiles, mais réellement nuisibles à l'architecture, comme *art libéral*, comme *science* fondée pour la solidité sur l'harmonie linéaire.

Donc, l'éloignement, l'indifférence des élèves architectes, pour le mécanisme de la *stéréotomie* est bien légitime.

La connaissance du *trait*, essentielle à posséder pour le *bâtisseur*, consiste à savoir tracer sur un bloc brut, informe, les lignes qui dirigent le tailleur de pierre pour développer dans la masse qui lui est assignée, un claveau, un voussoir, etc. etc. ; moyen industriel devenu nécessaire, comme on le sait, pour l'exécution des dessins de l'architecte, et l'emploi des matériaux de l'espèce dont il dispose généralement en France.

Or, l'appareilleur doit être lui-même exercé, habile en main d'œuvre ; et c'est d'après son tracé que la taille des pierres se fait par l'ouvrier intelligent avec toute la précision nécessaire.

C'est ainsi que d'une multitude de pièces, il en résulte un seul et même tout. Sans doute que les coupes rigoureuses des solides qui entrent dans la construction de son bâtiment, intéressent beaucoup l'architecte ; il estime l'appareilleur capable et précieux dans ses opérations ; il estime la classe d'ouvriers que ce chef d'atelier conduit ; mais il ne fait point dépendre la solidité absolue de ses constructions de la précision dans l'apareil, ni de la taille exacte des pierres.

---

(1) Ce programme est celui donné le 28 mars 1818, pour être jugé le 30 juin 1818.

Les grands instituteurs du jour, en *construction*, qui président comme tels à l'enseignement public en ce genre, ne connaissent que les procédés géométriques; et avec leurs lunettes scientifiques, ils ne voient dans l'architecture qu'une machine à traiter; ils la jugent conséquemment leur domaine; aussi, dans leur abnégation totale de la connaissance des proportions dans les masses du plan d'un édifice, dénuée de *science* et de *goût* en harmonie linéaire, conséquemment de vraie science en construction; ces professeurs de *trait* ont-ils raison d'étendre leurs leçons au toisé sur des plans donnés de la *quantité de matériaux nécessaires à la construction d'un édifice; le travail des ouvriers, la durée de l'ouvrage*. Mais qualifier de pareilles leçons : de la *Coupe des pierres et du Toisé des bâtimens!* les qualifier de Cours de *Construction*, est une prétention aussi fausse que ridicule.

Insistons à dire :

En architecture, pour la solidité des édifices, les calculs compliqués, hérissés de chiffres et de quantités algébriques, avec leurs *puissances*, leurs *radicaux*, leurs *exposans*, leurs *coefficiens*, ne sont nullement nécessaires (1). des masses inspirées par le génie; tracées par le jugement, la science et le goût, voilà les élémens réels, positifs, de la *construction*.

En vain l'on prétendrait relever *l'école de trait* (ouverte à l'ancien collége des Quatre-Nations), par les lectures que l'on y fait, applicables aux procédés de l'exécution des bâtimens, et au toisé des ouvrages.

L'on sait que ces lectures sont faites dans une compilation publiée depuis quelques années, composée, en plus grande partie, d'extraits de livres dont les auteurs n'étaient point architectes. Ces fragmens réunis, qui traitent aussi des matériaux et de la main d'œuvre, conviennent parfaitement aux ouvriers de bâtimens. Mais un pareil *compendium* est tout-à-fait inutile

---

(1) Voir mon chapitre : *De l'impuissance des mathématiques pour la solidité des bâtimens*. Tome 2, Paris, 1805. Ce chapitre est du nombre de ceux que je vais réimprimer en deuxième édition.

à l'élève architecte. Un tel recueil ne l'intéresse nullement; son éducation, si il veut connaître ces détails particuliers, lui rend accessible les discours sur la pratique des bâtimens dans les ouvrages eux-mêmes des *Lahire*, des *Parent*, des *Fresier* des *Bélidor* des *Bossut*, etc. etc. L'on peut dire d'un pareil livre :

« COMBIEN d'auteurs perdent leur couronne aux yeux de ceux qui lisent
« les vieux livres ! »

D'AILLEURS, toute compilation ne produit, ni honneur, ni gloire; et si les éditeurs *peuvent chanter victoire*, les souscripteurs n'en éprouvent que désastres (1).

LE mot *compilation* est parfaitement applicable à cet ouvrage. Un architecte instruit l'a jugé tel.

« C'EST par une compilation, dit-il, que tel auteur du jour a fait croire
« à quelques architectes, qu'il était fort savant; et aux savans, qu'il était
« architecte. Je souhaite à M. *** une chance aussi heureuse; mais, hélas !
« nous n'avons plus de Panthéon à gâter (2). »

Du reste, le jeune architecte qui possède une instruction étendue, puisera toujours de préférence aux vraies sources de la science de son art, par l'étude des œuvres des grands architectes qui offrent dans leurs productions le *précepte* et *l'exemple*.

MAIS la capitale n'est pas au dépourvu d'*école de trait*, ni de leçons pratiques en batimens. Il existe, à Paris, des cours publics spéciaux de *stéréotomie*, et des diverses autres branches *mécaniques* pour l'exécution.

---

(1) La compilation dont il s'agit, dite *Traité théorique et pratique de l'art de bâtir*, m'a été proposée par un des sous-cripteurs, à un rabais de *deux tiers*; je n'ai point accepté la proposition.

(2) *Annales des bâtimens et de l'industrie française*, n° VII. Décembre 1817.

de toutes les natures, et les espèces de travaux nécessaires à la confection des bâtimens. Ces cours, faits par des professeurs habiles dans les différens genres, sont suivis par une foule d'apprentis ouvriers, qui, animés d'une louable émulation, se disputent les prix de *géométrie pratique*, de *toisé*, de *coupes des pierres*, etc. etc. Aussi, annuellement, la distribution leur en est faite dans une assemblée solennelle (1).

Le sens propre du mot *construction* était enfin d'autant plus nécessaire à préciser, que les *bâtisseurs* de nos jours, les plus capables, croient de bonne foi être *constructeurs*, parce qu'ils pratiquent le *trait*, et qu'ils connaissent la nature des matériaux, qu'ils savent les faire manœuvrer. Une pareille erreur est sans conséquence, lorsque ces *bâtisseurs* travaillent avec des architectes savans; mais elle est funeste lorsqu'ils opèrent avec des dessinateurs d'architecture, dont l'espèce a prodigieusement pullulée depuis trente années, et qu'ils dominent dans l'exécution de leurs dessins. Ces *bâtisseurs* intelligens construisent sans doute avec soin; ils fournissent de bons matériaux; et cependant leurs travaux peuvent n'être point solides; car ils ne peuvent juger, dans les plans qu'ils exécutent, du manque des proportions voulues, surtout pour la solidité des édifices publics, si différens, sous tous les rappprts, des bâtimens ordinaires, par la grandeur de leur module, par l'étendue de leurs divisions, par la hauteur des corps et à raison des voûtes qui entrent dans leurs constructions; parties de toutes les plus difficiles à ériger.

Au contraire, toute composition d'architecture dont les masses sont habilement proportionnées, l'exécution en fût-elle négligée, néanmoins se suffit à elle-même pour sa durée, pendant un certain laps de temps; la science en donne

---

(1) L'École royale gratuite de dessin dont il s'agit, fondée il y a *quarante-cinq ans*, a pour directeur général M. Perrin, peintre du premier rang, et membre de l'ancienne académie royale de peinture et sculpture. Cet artiste dirige les classes de l'école pour former des appareilleurs de tous les solides, adroits et intelligens. On y enseigne la *géométrie pratique*, l'*arithmétique*, le *toisé*, la *coupe des pierres*, etc. M. Thierry, architecte distingué, instruit, est l'un des anciens professeurs. La société n'a donc rien à désirer aujourd'hui dans cette branche d'instruction publique.

la démonstration. L'expérience confirme la vérité de cette assertion dans les bâtimens de Bicêtre, de 1620, précédemment cités.

Malheureusement la vraie garantie pour la solidité des édifices, la *science* de la *construction* s'affaiblit de plus en plus. D'une part, les architectes savans disparaissent moissonnés par le temps; de l'autre part, la privation des *études* de cette partie de l'art, dans laquelle se trouvent les jeunes architectes, et les plus propres par leur éducation, par leur noble activité au travail, pour exercer un jour avec succès l'architecture; la privation de ces *études* est la cause que ces élèves, à leur apparition sur la scène du monde, ne peuvent remplacer les anciens maîtres; et, comme eux, bâtir avec solidité (1).

II. De la dispersion des Architectes; de ses effets destructeurs de l'art et de la science.

La nécessité de la science pour l'architecte a été constamment reconnue jusqu'à la révolution, par tous les hommes de génie qui ont exercé ce bel art (2); jamais ils ne se sont avisé, à la manière de certains esprits à hautes prétentions au grand siècle qui commence (1819), de comparer les règles de l'art « aux « fossés qui entourent une prairie que les chevaux franchissent, et d'atteindre

---

(1) Sans doute, ainsi que le disait récemment un homme de lettres :

« Nous avons en France des architectes « aussi habiles, aussi savans que ceux chez « les étrangers. »

La France ne compte encore de rivaux en architecture, qu'en Italie. L'on n'aurait donc pas dû avancer dans une Notice nécrologique, en mai 1818, voulant célébrer la mémoire de l'architecte Belanger, homme de goût et instruit, que cet artiste « rapporta de son voyage en Angleterre, « des moyens de perfectionnement qu'il a « très-heureusement appliqués aux travaux « qu'il eût à diriger dans la suite. » Cette réflexion n'a aucun fondement.

(2) Le discours qui termine mon *Traité d'architecture*, a pour sujet cette matière importante. 4ᵉ volume, Paris, 1812.

« ainsi à la *perfectibilité*. » Système commode si généralement adopté aujourd'hui.

Léon-Baptiste Alberti, le Vitruve moderne, Philibert de Lorme, Ducerceau, Blondel, François Mansard, Perrault, etc., tous auteurs de grands et beaux édifices ; tous auteurs d'ouvrages écrits les plus instructifs, ont assez insisté sur le besoin, pour l'architecte, de la science telle qu'ils l'ont possédée pour exercer leur art avec habileté, et bâtir solidement.

Or, l'académie d'architecture, comme on le sait, était la dépositaire de la doctrine que renferme les livres précieux de ces grands architectes italiens et français, sur l'*ordonnance* et la *construction*, ces deux parties de l'art qui se fondent ensemble ; idée, que l'on ne saurait trop rappeler, car elles sont dans une dépendance telle l'une de l'autre, que, sans leur réunion, toute composition en architecture n'est qu'une image fugitive, incapable de porter aucun fruit.

Je dis fugitive et incapable de porter aucun fruit pour les progrès de l'art ; ces expressions sont justes. Il faut donc que les artistes, simples dessinateurs, qui repoussent la *science*, se défendent d'une insouciance qui les trompe et les précipite dans les erreurs les plus grossières.

En effet, chez eux, l'esprit d'erreur est tel, à cet égard, qu'ils confondent avec le *bâtisseur*, les architectes qui possèdent *le génie*, *la science* de leur art, religieux observateurs des règles pour la solidité dans les édifices qu'ils érigent, et qu'ils savent, d'après elles, construire beaux et durables.

Il faut que les dessinateurs en architecture reconnaissent que :

« L'exécution de leurs dessins est une partie essentielle et fondamentale de l'art, et sans laquelle l'art n'est rien. »

Il faut que cette classe d'artistes sache, enfin, que les seuls dessins d'architecture les plus facilement tracés, faits avec un certain *Lazis*, si ils n'ont pas d'exécution, n'ont qu'un faible intérêt comme dessins.

Une expérience qui date de six années : la vente publique d'une suite de ces sortes de dessins faits par une main exercée, n'a que trop prouvé ces vérités utiles à relever.

La science de l'art, sans laquelle aucun édifice ne peut être exécuté solidement, si délaissée de nos jours, l'est à dater de l'époque terrible où le trône de nos Rois a été renversé. Dès ce moment il n'exista plus de sénat de la république de l'architecture ; l'académie fut détruite. Les architectes, depuis cette époque, restent épars, disséminés. Aussi, les élèves exercés maintenant dans l'école, par de simples concours, qui seuls composent leurs études, n'y reçoivent même aucune leçon sur les écarts nombreux, inévitables qu'ils commettent en composition. C'est pourquoi, dépourvus qu'ils sont d'instruction essentielle en ce genre, ils restent sans guides, et sans moyen pour la solidité de leurs plans, lorsqu'ils sont appelés à bâtir. Alors ils ne peuvent en défendre les points principaux contre les systèmes nouveaux les plus légers qui les attaquent ; bien plus encore contre les systèmes scientifiques qui leur en imposent, et qu'ils dédaignent cependant.

C'est ainsi que le manque total sur ce qui constitue *la science* de l'art, dans les cours actuels, et depuis la destruction de l'académie d'architecture, la nouvelle génération d'architectes est soumise au joug qu'elle porte, et dont elle se plaint si légitimement.

Si les architectes formés depuis 1792 y réfléchissent, ils reconnaîtront que l'arme la plus puissante pour secouer ce joug misérable, est la *science* ; et pour se convaincre de cette importante vérité, exposée dans le discours qui fait la conclusion de mon Traité d'architecture (1), je les invite à porter leurs regards sur tout ce qui se passe et concerne les travaux d'architecture ; ils reconnaîtront tout le besoin qu'ils ont à réparer cette triste nudité de *science*, autant que possible, et à relire les ouvrages écrits de nos grands maîtres italiens et français.

Si l'académie eût été rétablie, bientôt elle aurait repris son attitude, et re-

---

(1) *Principes de l'ordonnance etc.* 4ᵉ vol.   pag. 53-97. Paris, février 1812.

conquis son éclat. *Les anciennes études*, telles qu'elles existaient à son origine, au dix-septième siècle, dirigées par l'architecte de la Porte-Saint-Denis, et du fameux pont de Xaintes, etc., Blondel, et par ses successeurs; ces études substantielles, si propres à une véritable et solide instruction de la *science*, auraient été de nos jours remises en vigueur (1) : le régime systématique actuel eût cessé d'exister.

Un corps académique peut seul être le régulateur de l'enseignement. Il en était ainsi à l'ancienne académie; elle présidait l'école établie dans son sein; elle jugeait tous les concours d'architecture; elle distribuait les couronnes de tous les degrés (2).

Si l'académie d'architecture eût été rétablie, elle se serait composé de sujets distingués, la réunion de ceux qui possèdent le sentiment délicat de l'*harmonie linéaire* et la *science de la construction*.

La nouvelle académie aurait appelé dans son sein les artistes les plus connus par leurs ouvrages exécutés, au lieu d'en être oubliés; ils n'auraient pas eu à mandier leur admission : l'intérêt du corps, son honneur dans sa formation, leur en garantissaient l'entrée : à cette renaissance, ils auraient pu se reposer sur leurs droits.

Il en est bien autrement sans doute dans l'état actuel des beaux-arts, et plus particulièrement pour l'architecture. Trop de sujets, et les plus minces en talent, triomphent et obtiennent la préférence dans les *associations* nouvelles et privilégiées formées au milieu de nos discordes civiles; et ce sont les seules qui subsistent aujourd'hui pour la *peinture*, la *sculpture* et l'*architecture*.

« Dès qu'un fauteuil est vacant, les petites ambitions s'agitent, les petites

---

(1) J'ai publié, en 1807, un discours des *anciennes études de l'architecture, de la nécessité de les rétablir*; il est placé à la tête du 4ᵉ volume de mon Traité : *Principes de l'ordonnance et de la construction des bâtimens*.

(2) Voir le même discours cité, pag. 18.

« coteries se rassemblent, et les petits artistes s'efforcent de grandir. » Ces messieurs se persuadent *que la qualité d'académicien les rendra académiques.*

EN vain, à l'égard des associations dans les beaux-arts, dites *académiques ;* en vain on rappellerait aux aspirans la leçon du législateur du Parnasse :

N'allons point à l'honneur par de honteuses brigues.

LA nouvelle académie d'architecture reconstituée, devenait nécesairement la réunion des véritables *maîtres de l'art.*

AUJOURD'HUI, les *maîtres de l'art* en architecture n'ont point de réunion pour communiquer entre eux et traiter des grandes questions de la *science de la construction* qui se succèdent cependant et qui intéressent essentiellement le service public dans les importans travaux des édifices de la France entière.

LES architectes du premier ordre qui possèdent les diverses qualités sans lesquelles on ne peut prétendre à ce titre, les artistes de cette classe n'appartiennent aujourd'hui à aucun corps, aucune société les rassemblent; il n'existe plus de *tribunal spécial* capable pour prononcer sur l'application des principes de la solidité dans les difficiles constructions ordonnées par le GOUVERNEMENT. La suppression de l'académie d'architecture est une perte bien sensible dans toutes les circonstances où les questions les plus importantes se présentent à résoudre, et qui tiennent à la science de l'art (1).

CETTE assertion est incontestable; il en a été jugé ainsi par l'administration publique elle-même, en 1806. Et depuis cette époque, les choses à cet égard sont restées les mêmes, l'isolement des architectes les plus distingués par leur talens.

---

(1) *Principes de l'ordonnance et de la construction des bâtimens.*
Chapitre : *De l'impuissance des mathématiques pour la solidité des bâtimens,* tom. 2, pag. 71. Paris, 1805.

Alors, il y a dix ans écoulés, le Ministre de l'intérieur, le Préfet de la Seine, ne voulant rien hasarder dans l'opération majeure qui se présenta, la construction de la grande voûte de la Halle-au-Blé de Paris, d'un intérêt réel sous tous les rapports. Ces magistrats composèrent une *commission* d'architectes, non-seulement des membres des deux seuls conseils qui existent ; l'un, des bâtimens civils au ministère de l'intérieur ; l'autre, des travaux publics du département de la Seine, mais aussi de plusieurs autres artistes distingués ; le nombre s'en éleva à *quinze* pour délibérer et résoudre le problême de la construction d'une voûte sphérique de cent vingt pieds de diamètre sur des murs qui n'avaient point été construits pour la recevoir (1).

Le Ministre, le Préfet, avaient jugé dans la haute considération du succès de l'opération, quoiqu'il ne s'agit que d'une seule partie de l'édifice de la Halle-au-Blé, que cette commission devait être assez nombreuse pour en obtenir, en l'absence de l'académie, un faisceau de lumière capable de neutraliser les petites cabales.

Une remarque à faire à ce sujet, est que le Gouvernement n'avait point encore nommé d'architecte pour l'exécution de ces travaux ; il répondait à cinq auteurs de projets de coupoles. Dans ce cas extraordinaire, la formation d'une commission spéciale, quoique par son existence du moment, exposée à être circonvenue, devenait nécessaire. D'ailleurs, aucun des prétendans n'avait à se plaindre des mesures dictées par la prudence sur un concours qu'ils avaient eux-mêmes formé.

Ce n'est pas tout : dans cette affaire majeure, les Magistrats, le Ministre et le Préfet, donnèrent une marque éclatante de leur esprit de justice. Ils n'ad-

---

(1) J'ai inséré dans le troisième volume de mon *Œuvre*, qui traite de la construction des voûtes, les dissertations que j'ai faites d'abord au conseil des travaux publics du département, et ensuite au ministère de l'intérieur, sur la voûte sphérique de la Halle-au-Blé de Paris.

Les travaux de la commission dont j'étais membre, ont commencés en novembre 1806, au ministère, et terminés en août 1807.

J'ai publié en 1809 mon travail particulier fait sur cette coupole, et je l'accompagnai des *plans*, *coupes*, *élévations* gravés que je composai, et conformes à mes dissertations. 3ᵉ volume de mon *Œuvre*, pages 99-172.

mirent point trois des concurrens de projets de coupole à composer la commission, dont l'un était membre du conseil d'architectes au ministère, les deux autres de celui de la préfecture.

La commission, dont la plupart des architectes étaient bien connus (1), dont le plus grand nombre avait bâti avec succès de grands édifices, quoique composée de *quinze* membres, ne s'avisa pas dans cette circonstance solennelle où elle allait prononcer cependant sur une question difficile en construction; la commission, en jetant ses regards au dehors, sur ceux des artistes ses pairs, qui n'en faisaient point partie; elle n'eut pas l'orgueil de se parer du titre fastueux de se dire : les Maîtres de l'art.

Une académie, et telle qu'elle existait avant la révolution, aurait le droit de prendre un pareil titre; sa composition, sa permanence, les statuts les plus sages le lui assuraient; les règlemens y maintenaient l'amour de l'art, de la science, de l'honneur (2). A tous ces titres, elle mériterait la confiance publique; à tous ces titres, elle aurait pu se constituer *tribunal suprême*.

La France, où les beaux arts sont généralement cultivés, où l'on compte de nos jours, *huit* classes d'architectes, architectes *artistes*, architectectes *rapsodeurs*, architectes *ébénistes*, etc., etc. Entre eux, quelques-uns sont architectes *par privilége*, *qui ont du génie par brevet*. Tous les autres architectes, artistes de la première classe, et les sept autres classes paient, sans exception, une patente; taxe que le fisc ne devrait imposer qu'aux ouvriers qui composent les sept dernières classes; l'intérêt de l'État, bien entendu, l'exigerait.

---

(1) Peyre (oncle), Chalgrin, Gondoin, Raymond, Le Doux, etc.

(2) Aux temps des académies des beaux-arts, de peinture et d'architecture, l'honneur dominait dans ces sociétés célèbres; leurs règlemens expulsaient tout membre qui aurait manqué aux lois de l'honneur; elles auraient rayé de leurs registres quiconque se serait emparé de la place ou des affaires de son collègue.

Aujourd'hui ces lois sont impunément violées. L'on s'en fait un jeu, tant est grand le mépris du véritable honneur. Et en architecture, l'impudeur des protégés du jour, est telle qu'il n'est point de ressorts qu'ils fassent jouer pour arracher des mains qui en sont pourvues, les édifices à ériger; spoliation qui a pour eux plus d'une espèce d'attraits.

Chez une telle nation, au milieu d'une pareille cohue, assurément un tribunal composé de véritables architectes est devenu d'autant plus nécessaire pour fixer les idées du public et celles du Gouvernement lui-même : tribunal duquel relèverait naturellement les grandes questions sur l'art et la *science* des bâtimens. Une académie, enfin, par l'indépendance de ses membres, assurerait à l'Autorité, des jugemens sages, impartiaux dans la solution des problèmes les plus difficiles. Dans ce corps, l'architecte habile, savant, y trouverait des défenseurs officieux, et l'ambitieux ignorant, un rejet mérité.

Mais il n'y aura point d'académie d'architecture ; les Destins, plus forts que Jupiter, en ont ordonné ainsi.

La seule réunion qui existe aujourd'hui en *France*, où se trouve un certain nombre d'architectes (je ne dis pas les seuls), est le jury qui, dans le cours de l'année, juge les compositions des élèves de l'école royale d'architecture, au palais des Beaux-Arts ; *jury* qui, cependant, n'a aucune consistance légale.

Il est remarquable à ce sujet, que, par un mode digne des institutions de nos jours, spécialement de celles relatives aux beaux-arts, ce *jury* n'est point appelé à juger les grands prix qu'obtiennent les élèves stimulés par les couronnes que ce même jury leur distribue dans les concours périodiques, *douze* chaque année.

Un tribunal spécial qui compte *huit* architectes, et d'élémens divers (1), sur *trente-huit* juges constitués *ad hoc*, prononce et donne les prix annuels ! Un pareil tribunal, composé de membres plus ou moins *hétérogènes*, prouve constamment, dans ses jugemens en architecture, combien cette branche des beaux-arts leur est peu familière.

---

(1) Un journal qui donnerait les *noms*, la liste *des ouvrages* de ces *huit* membres ; comme il en est *plusieurs qui ne sont pas* auteurs, *ils ne pourraient même y suppléer par leurs titres.* Voir le feuilleton du *Journal des Débats*. Juin 1818.

DE LA CONSTRUCTION DES BATIMENS.

Un jugement porté en novembre 1817, par les *trente-huit juges* qui composent l'ensemble du même tribunal, à l'unanimité, prononce en faveur d'un mauvais projet d'édifice de première classe.

Ce trait concourt à prouver toute la justesse de la réflexion suivante :

Les connaissances séparées, embrassent mieux les objets dans toute leur étendue (1).

L'isolement actuel où se trouvent placés les architectes artistes depuis qu'il n'existe plus d'académie ; cet isolement facilite merveilleusement l'invasion des *mécaniciens*, pour la direction des bâtimens ; ils osent faire croire à l'homme puissant, qu'ils sont les maîtres par excellence en *construction*. L'absence de l'académie favorise et donne un ascendant fatal à leurs nouveaux systèmes, à leurs vaines théories en *construction* ; systèmes destructeurs des véritables intérêts de l'État dans l'emploi des fonds publics, par la témérité de leurs opérations.

De plus, l'architecture convertie aujourd'hui en un état purement mécanique ; par suite, une classe nouvelle *de gens d'affaires* s'est élevée, qui régit en souveraine les travaux des bâtimens publics. Aussi, la *conception* d'un plan, la *disposition* des masses d'un édifice, les *conditions de solidité* à établir, tout cela ne les inquiète nullement : ordonner, faire mouvoir des bras, commander à leur manière, leur suffit.

Voilà comment la *science* de la *construction* est d'autant plus en péril ; voilà comment elle se précipite vers une chute prochaine.

L'exposé suivant fera juger les atteintes portées aux finances publiques par les innovations survenues à une certaine époque dans les constructions de quelques bâtimens. Les résultats indiqueront ceux qui peuvent avoir lieu tôt ou tard, et par suite de ces mêmes innovations, dans les *constructions* des grands édifices de la capitale, qui sont de l'espèce de celles des bâtimens que je vais décrire.

---

(1) Mots remarquables extraits du discours d'un écrivain, penseur profond.   Paris, avril 1817.

III. Batisses diverses faites dans les grands hôpitaux de Paris.

A l'époque de 1778, il y a *quarante ans*, déjà les têtes fermentaient pour le redressement des torts dans l'administration publique, sous le règne du sage roi martyr, Louis XVI. Selon les *réformateurs* de ce temps, il fallait rappeler l'ordre dans toutes les branches du Gouvernement.

Dans cette agitation naissante des esprits pour la révolution, un nombre de ces *perfectionneurs* choisirent les bâtimens publics pour *domaine*; ils se promirent de recevoir une douce et bienfaisante rosée de ce genre d'administration, d'en obtenir une existence politique d'un grand intérêt pour eux, inconnus jusqu'alors de la société.

Les vœux de ces grands *économes* furent exaucés ; leur intrigue réussit à merveille ; leurs projets de réforme furent accueillis ; et, comme ardens philantropes qu'ils s'annonçaient, les hôpitaux de Paris : *la Pitié*, *Bicêtre*, *la Salpétrière et l'Hôtel-Dieu*, devinrent le théâtre des essais de ces *perfectionneurs* dans le régime des bâtimens dont ils se firent constituer *les ordonnateurs*. Les premiers travaux qu'ils dirigèrent furent des infirmeries (1).

L'hôpital de la Pitié vit, en 1779, ériger sur son sol un corps de bâtiment construit dans un système nouveau, éminemment *économique*. En effet,

---

(1) C'est alors que parut une foule d'écrits sur les hôpitaux, signes frappans de l'exaltation des têtes en perfectionnemens, hélas ! trop funestes avant-coureurs de tous les maux qui nous ont accablés, dix ans après.

Ces systèmes en *perfectionnemens* ont immolé des *millions d'hommes*; ils ont enlevé des *milliards* à la France ; ils ont.... Je m'arrête.

une modique somme suffit pour bâtir un édifice de *quatre étages*, faisant équerre sur la rue du Jardin-du-Roi, capable de loger *deux cents malades*; et l'exécution marcha avec une étonnante rapidité. Double avantage, selon les *faiseurs*.

Aussitôt toutes les trompettes du temps retentissent, et célèbrent l'*économie* admirable mise dans les travaux de ces nouvelles infirmeries.

« Quelle leçon, disait-on, donnée aux vieilles administrations routi-
« nières qui croupissent dans l'ignorance profonde de l'*économie* adminis-
« trative ! »

Bicêtre, la Salpêtrière obtinrent, l'année suivante, des bâtimens construits dans le même système d'*économie*, ceux-ci pour cinq cents, ceux-là pour *trois cents malades*.

A peine les travaux terminés de ces deux dernières infirmeries, les éloges, les félicitations les plus éclatantes se répandent sur les auteurs toujours habiles en administration de bâtimens. Aussi des places furent-elles créées en leur faveur. *Inspection générale*, etc. etc.

A la même époque, l'on construisit, d'après le système nouveau, un entresol de dix pieds de largeur et sept pieds de hauteur, au-dessus du rez-de-chaussée, dans la galerie de Bicêtre, au sud, pour un dortoir !

Assurément ce dortoir coûta peu d'*argent*; il fut célébré également, et de plus annoncé comme une conquête faite en faveur de l'humanité; lieu cependant où les individus étaient *près à près*.

Ce même dortoir, par les raisons les plus sages, a été démoli en 1816.

Les agens choisis par les *faiseurs* pour l'exécution de tous ces plans étaient, on le conçoit aisément par la nullité de talens, parfaitement en mesure d'opérer de semblables miracles; de concourir à tant d'*économie*, et d'en recueillir récompenses ; d'être, à l'avenir, employés comme architectes dans les bâtimens publics, sans autre titre qu'une protection, ou mendiée, ou vendue, n'importe à quel prix (1).

Mais peu après les travaux terminés, les infirmeries à la *Pitié*, à *Bicêtre*, donnent des signes de détresse très-inquiétans.

A Bicêtre, les murs de face se sillonnent de nombreuses lézardes ; les planchers fléchissent ; tout tend à ruine. Cette circonstance grave en retarde l'occupation par les malades.

Devenu architecte de l'hôpital général en 1781, je fus chargé de conforter l'infirmerie de Bicêtre, et de rendre ce bâtiment *tout neuf,* habitable, sans danger. Je remplis cet objet de sûreté publique en comprimant les efforts d'écartement dans les murs de face ; je vins à leur secours et concurremment, de ceux des planchers trop faibles, par une répartition étudiée de leur poids sur le pourtour de ces mêmes murs, à l'aide de *moëses*, *de plattes-bandes en fer*, *de boulons*, *d'écroux*, etc. etc.

Ces bâtimens si débiles, ainsi fortifiés, reçurent les premiers malades en 1782 ; leur durée se prolongea jusqu'en 1814, trente-deux années ; autrement ils eussent été démolis aussitôt après leur construction.

A la Pitié, les infirmeries de 1779, nécessitèrent d'abord des points d'appui

---

(1) On peut regarder cette espèce de genre de bâtiment de 1779 et 1780, comme les germes du grand nombre de leurs pareils, qui, depuis la révolution entourent et pressent les administrations publiques, pour être employés par elles ; le succès couronne leur audace et leur ignorance.

Je les ai signalé dans mes différens ouvrages, publiés depuis *vingt ans.*

Des constructions faites par un architecte de cette espèce, aux dernières années du 18ᵉ siècle, et aux premiers temps de celui-ci, sont des *faits* en ce genre qui fixent l'attention de l'observateur, ami de son pays, et désireux du bon emploi de ses finances.

Mon rapport du 27 août 1817, fait au conseil général d'administration des hôpitaux, décrit ces constructions ; il sera inséré dans la deuxième partie de cet ouvrage.

dans les *intérieurs*, sous le plus grand nombre des poutrelles, simples filets de dix pouces de gros qui portaient les travées des planchers aux différens étages, faites de solives de bois débités, dont les fibres tranchées étaient conséquemment sans force. De plus, et par la pression de ces poutrelles comme léviers, les murs des façades de quatre étages construits sans chaînes de pierre, seulement en moëlons, et de dix-huit pouces d'épaisseur, tendent au vide; des déchiremens multipliés couvrent les murs. Il fallut avoir recours à des étrésillonnemens *extérieurs*, à des chevallemens, pour garantir l'édifice entier (tant célébré en 1780) de catastrophes subites.

LE CONSEIL GÉNÉRAL qui gouverne aujourd'hui les hôpitaux, m'ordonna, en 1803, la démolition entière des bâtimens de ces infirmeries, incapables d'être conservés par aucune restauration. Ce que j'effectuai.

A la Salpétrière, le plan de l'*infirmerie* sorti du cerveau d'agens en architecture, de la triste espèce désignée, avait été tracé pour *cinq cents malades*, et il n'en put contenir que *trois cent vingt*. Quant à l'ordonnance, on peut en juger; elle est la plus misérable, la plus gauche; tout, dans cet établissement majeur, est digne de l'esprit faux et mal avisé des auteurs.

MAIS ici, comme à *Bicêtre* et à la *Pitié*, les planchers étaient faibles; les pièces de service, d'ailleurs nécessaires à ce genre d'établissement, manquaient totalement. Voilà comment, avec les réductions faites d'origine, contre les règles de l'art, dans toutes les parties du bâtiment, la dépense première ne fut présentée au GOUVERNEMENT, par nos *perfectionneurs* du temps, ne devoir être que de la somme de *deux cent cinquante mille francs*.

A cette époque même, quoique les matériaux et la main-d'œuvre fussent moindre de moitié de la valeur de ceux d'aujourd'hui (1818), néanmoins il était impossible de loger trois cents malades (au lieu des cinq cents annoncés) sans dépenser beaucoup plus *de deux cent cinquante mille francs*.

LA faculté de médecine consultée (mesure alors devenue nécessaire pour opposer aux *novateurs* un corps célèbre et un crédit), indiqua toutes les additions à faire pour le service des malades (1). L'administration de l'hôpital général me chargea de leur exécution. Je fis concourir à la solidité, les distributions nouvelles demandées.

L'INFIRMERIE ne put être ouverte qu'en 1786.

TELS furent les résultats du système *économique* de bâtir employé pour les infirmeries de la *Pitié*, de *Bicêtre* et de la *Salpétrière*, dans les années 1779 et 1780.

LE quatrième exemple à citer de ce système de construction adopté aux mêmes temps, dans un autre de nos grands hôpitaux de Paris, sont les additions faites aux bâtimens de *l'Hôtel-Dieu*, en 1780 et années suivantes.

ON voulait aussi accroître cet hôpital de première classe, y établir un plus grand nombre de lits de malades, toujours *à petits frais*, et multiplier les leçons en *économie* à donner aux antiques *administrations*, leur en faire la loi. Pour donc remplir ce double but, l'on érigea à L'HÔTEL-DIEU trois nouveaux étages sur un grand corps de bâtiment, existant à l'exposition nord-est, près le palais de l'Archevêché, et dont le pignon est établi sur le *Pont-au-Double*. Chacun de ces nouveaux étages est, comme ceux inférieurs, distribué en dortoirs couplés de malades. Un vaste escalier de charpente de huit pieds d'enmarchement fut construit pour le service général des nouveaux emplois. Dans le temps, il m'en souvient, quoique étranger à cette époque aux bâtimens de L'HÔTEL-DIEU, cet escalier, par la capacité de sa cage, par les dimensions de ses révolutions, fut célébré comme un chef-d'œuvre digne de l'admiration publique, et dont la dépense avait été réduite au *minimum*. Ceci seul pourrait être admis; car, en réalité, rien de plus pauvre, comme composition, que l'ensemble de ce même escalier; nulle solidité dans sa construction, dirigée qu'elle fut par la parcimonie, ainsi que l'ont été toutes les bâtisses nouvelles dont cet escalier fait le service.

---

(1) J'ai conservé le rapport de la Faculté de médecine, dont on me donna une expédition.

Mais ce qui en 1781 causait l'admiration d'une certaine classe de gens, était d'apprendre que tous ces accroissemens faits à l'Hôtel-Dieu, n'avaient occasionné que de faibles dépenses relatives, sans égard aux moyens employés, sans égard aux erreurs diverses commises dans ces constructions.

D'abord, quant aux moyens,

L'accroissement dans un hôpital de malades, de trois étages de salles sur un corps de bâtiment composé déjà de deux anciens étages inférieurs, un premier et un second, non compris les souterrains et les fondemens; un tel bâtiment sans doute, procura un nombre de salles aux moindres frais possibles, selon les vues des directeurs de nouvelle création.

Sur de pareilles dispositions, disons-le, quelles que fussent les prétentions en connaissances *physiques*, chez les ordonnateurs, cependant les principes généraux de salubrité défendant la cumulation des salles de malades, et surtout de salles couplées et de six étages de hauteur, ces principes furent totalement sacrifiés à la plus misérable *économie*. Cette fausse mesure ne peut être pardonnée qu'à raison des vices nombreux dans les constructions qui commandent aujourd'hui la démolition de ces salles empilées les unes sur les autres à six rangs d'étages (1).

---

(1) L'influence nouvelle des physiciens, leurs prétentions sur les bâtimens des hôpitaux, l'expérience le prouve, n'ont eu, et ne peuvent avoir que les plus fâcheux résultats; on peut les inviter, pour l'avenir, de laisser le Gouvernement, à l'égard même des conditions en physiques à remplir, le laisser s'en reposer sur les architectes d'un vrai talent; eux seuls savent composer et construire un hôpital, comme les autres édifices publics, tels que les lois de la saine *physique* le commandent, et tout à la fois de les tracer commodes et solides. Le chef-d'œuvre entre les hôpitaux de l'Europe, l'hôpital St Louis, tel qu'il existait encore il y a peu d'années, dû au génie de *Châtillon*, architecte, atteste ce que j'avance.

Autant que cette haute considération sera perdue de vue en administration, aussi long-temps se succèderont dans les hôpitaux les erreurs en dispositions, les erreurs en constructions des bâtimens. L'on dépensera beaucoup d'argent en réalité, tout en voulant en réduire l'emploi; l'on bâtira, l'on démolira sans cesse.

L'impossible ne se fait point; aucune puissance humaine ne peut le franchir; dès que le besoin commande des travaux de bâtimens, il faut les exécuter: toute parcimonie en ce genre est ruineuse.

Citons maintenant les effets de destructions survenus dans ces mêmes bâtimens de l'Hôtel-Dieu.

Quelques années à peine écoulées après l'exécution des accroissemens en sur-élévation, le fameux escalier éprouve un déversement considérable dans ses *révolutions*, dans ses différens paliers ; et pour en prévenir la chute totale, on a recours à de hideuses potences en bois ; elles existent, et le terme de leur durée est dépendant de l'époque de la décomposition des bois dans les portées.

La façade des mêmes bâtimens au sud, sur la rivière, d'une grande étendue, s'ébranle ; une ondulation sensible à l'extérieur, des fissures à l'intérieur, devinrent les signes de la détresse générale dans les constructions.

Les murs de face au nord de ces bâtimens sur-élevés, leurs murs de refend manifestèrent le même état de faiblesse ; on se borna à de simples réfections.

Aussi, de nouveaux effets s'annoncèrent en 1810 ; les planchers composés de filets de 30 *pieds* de longueur, de *huit* à *neuf* pouces de gros, employés comme *poutres*, ayant pour lambourdes de simples *chevrons* de *quatre* pouces, soutenus sur la largeur des salles par deux rangs de minces poteaux, et tous en *porte à faux !* les murs et les planchers fléchissent sensiblement dans tous les nouveaux corps sur-élevés.

A cette époque, devenu architecte de l'Hôtel-Dieu, j'étudiai avec attention l'état général de ces nouvelles bâtisses si faibles, si débiles.

J'ai reconnu qu'il n'y avait que deux partis à prendre ; conforter à grands frais ce frêle et colossal édifice, ou démolir les étages nouveaux.

Je composai un plan pour la restauration, et je fis un rapport pour la démolition (1).

---

(1) Démolir les étages sur-élevés, moyen le plus avantageux sous les rapports de la salubrité, et le moins cher ; autrement, conforter l'édifice, travaux très-dispendieux.

Il existe un troisième parti qui tiendrait des deux précédens, détruire le comble actuel, réduire le nouveau enbrisis, qui serait plus bas de deux étages ; et dans ce cas, conforter les étages qui seraient conservés.

Les exemples précédens d'édifices publics dont je donne ici l'histoire fidèle des constructions faites selon le système dit *économique*, en 1779 et 1780, prouvent assez, par leurs résultats, combien ce genre de bâtir est *anti-économique*; ils prouvent que l'argent dépensé selon ce système trompeur, en faible quantité successivement; le total est devenu, pour le Gouvernement, une somme considérable, laquelle s'accroîtra encore par de nouvelles et importantes dépenses inévitables en démolitions et reconstructions de ceux de ces mêmes bâtimens de 1780.

Les destructions qui se sont développées dans les constructions de nos grands hôpitaux de l'époque citée, ont fixé l'attention de certains observateurs.

Comment se fait-il, disait-on à ce sujet, et par quelle étrange indifférence les anciennes administrations distinctes, celles de l'Hôpital-Général et de l'Hôtel-Dieu, ont-elles permis, par une sorte d'accord, l'érection de semblables bâtimens, dont plusieurs n'existent plus ; et qu'entre les deux seuls édifices de cette espèce qui restent sur pied, l'infirmerie de la Salpétrière aurait également disparue, si les bâtimens n'eussent pas, avec de grandes dépenses, acquis des forces additionnelles aux premières ? Que l'autre édifice, le corps sur-élevé de quatre étages, en 1780, à l'Hôtel-Dieu, appelle sa démolition, ou exige des travaux considérables pour être conservés sans crainte d'accidens ?

Ces sortes de reproches ne sont fondés que sur les apparences ; ils sont de la nature de ceux que l'on voudrait adresser aux architectes artistes en activité, et dont les preuves de talent sont faites, convertis aujourd'hui en simples commis des bâtimens qui s'érigent dans la capitale, sans en être les *auteurs*. Vérité bien reconnue.

Je dirai sur ceux des reproches adressés à l'administration de l'Hôpital-Général,

Que bien loin d'avoir applaudi à de si fausses mesures pour la construction des bâtimens faits en 1779 et 1780, à *la Pitié*, à *Bicêtre*, à *la Salpétrière*; elle les a condamnées, au contraire ; les circonstances seules l'ont déterminée à les tolérer. Son désaveu d'ailleurs est formel dans les grands travaux ordonnés par elle, à compter de *l'an* 1782, jusqu'en 1791, époque où cette honorable administration cessa ses fonctions.

Les motifs les mieux fondés lui inspiraient de ne point adopter une *économie* évidemment illusoire dans les travaux de bâtimens des vastes établissemens qu'elle gouvernait

Le premier de ces motifs était de suivre les exemples que ses prédécesseurs lui avaient laissés en solides édifices.

En 1740, à la Salpêtrière, l'administration, dans sa vive sollicitude pour les indigens, ordonna la construction d'un bâtiment de 42 toises de longueur, 6 toises de largeur, et 40 pieds de hauteur.

Le savant architecte de l'Hôpital-Général, *Boëffrand*, l'exécuta tout entier en pierre de taille (1).

Il construisit peu après, sur la cour du centre, au-delà du chevet de l'église, un autre corps de bâtiment de 20 toises de longueur et 5 toises de largeur, aussi en pierre.

A cette même époque de 1740, *Boëffrand* érigea le bâtiment dit de *la Couche*, parvis Notre-Dame, qu'il assimila, pour la solidité, à ceux de la Salpêtrière.

Et pour ce qui concerne les bâtimens *de* 1780, l'administration de l'Hôpital-Général s'expliqua même contre la disposition des infirmeries établies dans les points les plus mal choisis, et à la *Pitié*, et à *Bicêtre* (2). Elle était choquée de la triste et misérable figure de ces nouveaux bâtimens, dont l'aspect hideux

---

(1) Ce bâtiment est celui qui complète la principale façade de la Salpêtrière, dans la direction de *l'ouest*. Les dépenses importantes furent en partie fournies par madame la duchesse de Lassé. — Boëffrand, en homme habile, a religieusement adopté les proportions assignées par le célèbre Leveau, l'auteur du beau plan général de ce vaste hôpital. Voir mes notes sur les hôpitaux. Paris, 1812.

(2) Les nouvelles infirmeries de Bicêtre étaient érigées sur une branche des égouts.

insultait au malheur des habitans, et dont la faiblesse donnait les plus justes inquiétudes contre la sûreté publique; bâtimens qui livrèrent dès leur naissance le GOUVERNEMENT à des dépenses importantes, et dont il a fallu ensuite démolir le plus grand nombre.

L'ADMINISTRATION de l'Hôpital-Général, dans toutes les constructions qu'elle ordonnait, habile dans l'emploi des fonds publics, n'a point laissé à ses successeurs des bâtimens nouveaux exposés à fluer en gravois; elle ne voulait point compromettre ou réduire un jour les services et les secours à donner aux malheureux, par la suppression subite de locaux habités, accidens auxquels sont soumises les mauvaises constructions (1).

UNE courte digression sur les divers régimes des bâtimens des hôpitaux, à compter de 1792 jusqu'en 1800, et que la révolution fit naître, ne sera point déplacée ici.

APRÈS la retraite des anciennes administrations, en avril 1791, pendant neuf années, les hôpitaux de Paris furent gouvernés par les modes les plus variés, les plus éphémères dans toutes les parties, et trop long-temps par des hommes

---

(1) Jamais l'esprit de charlatanisme n'a dirigé les opérations de ce corps antique : ses vues tendaient toutes au soulagement, au bien-être réel des pauvres, à la sûreté de leur habitation ; et lors de l'accroissement rapide des individus à secourir, elle ne balança pas à les rassembler près à près dans les dortoirs; préférant, avant tout, de les nourrir et de les abriter; de ne jamais exposer les malheureux au désespoir. La *charité* leur inspirait ces mesures aussi sages que politiques et humaines.

Aujourd'hui, la mort a moissonné le plus grand nombre des membres de cette administration; quatre survivent seuls. Je m'interdis de les nommer, connaissant la sévérité de leurs principes à cet égard. Cependant je dirai : entre les anciens administrateurs de l'Hôpital-Général, vivans, l'un d'eux a été le rapporteur pour ma nomination d'architecte, en 1781. Ainsi, après *trente-huit années* révolues, après tant d'orages politiques qui se sont succédés ; aujourd'hui, tous deux, nous jouissons encore de l'aspect du *soleil* ! oh, que ce léger hommage me plaît à lui rendre !

Je le rends aussi, cet hommage, à ceux de ses collègues vivans qui ont partagé les mêmes sentiments pour moi, de confiance et d'estime, et aussi à la mémoire de ceux qui n'existent plus; elle me sera toujours chère.

énergiques en *sanculotisme*, dont les folles idées influèrent beaucoup sur les bâtimens. Ah! il m'en souvient, dans mes relations avec eux, comme architecte, leur seul aspect m'effrayait. Le trait suivant est à citer :

Dans une discussion assez sérieuse sur un des services de bâtimens, en 1794, fatigué des idées par trop ridicules de l'un de ces administrateurs des hôpitaux, idées dont il était tout fier,

Je lui dis :

Citoyen, *nil novi sub sole*, et lui traduisis ces mots en français.

Les mutations rapides qui avaient lieu alors dans l'administration, me sauvèrent d'un péril réel de la part de ce *sans-culote* administrateur dont j'avais blessé, sans intention, le sot orgueil.

« Aussi a-t-on vu, dit un illustre magistrat, savant célèbre, des adminis-
« trateurs être là moins de temps que leurs malades (1). »

Mais aux premiers jours de 1801, un Conseil général des hôpitaux fut établi; il devint, comme les anciennes administrations des hôpitaux, tuteur paternel, n'ayant d'autre récompense de son zèle que la considération publique (2).

Oh! qu'il est regrettable que le régime des bâtimens de l'Hôpital-Général, si simple dans ses formes, si sûr en comptabilité, si avantageux pour le service,

---

(1) Rapport fait au Conseil général des hospices par un de ses membres, M. le marquis de Pastoret, pair de France, pages 5 et 6. Paris, 1816.

(2) Rapport, *idem*.
Le Conseil général des hospices et hôpitaux, ce corps distingué par les premiers ordres auxquels ses membres appartiennent, par ses lumières, m'a constamment honoré de sa confiance, comme architecte; sentiment qu'il s'est plû à m'exprimer particulièrement il y a *neuf* années, en me chargeant seul des bâtimens de tous les établissemens qu'il gouverne; confiance qui, je m'en flatte, ne cessera qu'avec mon existence.

et tel qu'il est consigné dans les registres de ce temps, que ce régime n'ait point reparu avec l'établissement du Conseil général en 1801 ! (1)

Les ruines accélérées des bâtimens construits dans nos hôpitaux, il y a trente-huit années, prouvent assez que le GOUVERNEMENT était, comme je l'ai dit, déjà entouré de *réformateurs* qui en avaient surpris la protection par leur audace, par l'appât fantastique de l'*économie* apportée spécialement dans les travaux publics. Leur activité était encouragée non-seulement par l'impunité de leurs erreurs, mais plus encore par l'espoir de grands avantages à recevoir de l'AUTORITÉ, en construisant à l'aventure, sans raison, et pour quelques années.

« IL est dans la nature de toutes ces précautions prises au nom de l'intérêt « public, de céder à l'action continue d'un intérêt particulier. »

Or, de nos jours, de pareils êtres pullulent. Ces entrepreneurs d'affaires en bâtiment, ordonnateurs absolus, disposent à volonté d'agens nécessaires à leurs fins, souples et dociles par intérêt et par ignorance. Aussi ces *perfectionneurs*, après avoir été saturés des éloges que leurs amis leur prodiguent, ils en accordent quelques parcelles à ces instrumens commodes qu'ils appellent architectes.

La remarque suivante convient à la fin de cet article sur nos hôpitaux de Paris.

Si, à l'époque de 1778, où apparut la première *réforme* dans le régime des bâtimens publics, de ceux des hôpitaux ; si les anciennes administrations n'eussent point survécu aux *docteurs* de la nouvelle secte *économique* en ce genre, certainement ces *régulateurs* en dépenses des travaux publics, qui interdisaient aux architectes d'observer les lois de la solidité dans leurs constructions ; ces zélés enthousiastes en *économie* n'auraient pas manqué d'ap-

(1) Autant les formes administratives d'alors étaient *simples*, *faciles*, *exactes*, *régulières*; autant les formes actuelles en administration de bâtimens sont multi- pliées, entravantes pour le service de ce genre. Cette assertion serait frappante si l'on voyait en regard le régime de ces temps passés avec celui du jour.

pliquer leur méthode aux médicamens même à donner aux malades, aux mesures calculées des alimens les plus communs, les plus indigestes pour les convalescens. Dans ce système, ces grands *économes* auraient interdit aux médecins de faire emploi de *quinquina*, de la *thériaque*, etc. etc.; tous remèdes chers; ils auraient défendu l'emploi du sucre de *canne de l'Amérique*, remplacé par le sucre extrait de racines indigènes de la plus mince valeur. Une pareille supposition serait d'autant plus admissible, qu'il en est en architecture comme en médecine.

De même que dans l'art de guérir, les médicamens pour les proportions des substances diverses qui les composent, quoi qu'en soit la valeur, la composition dépend absolument de la science, de l'expérience du *médecin*.

De même, en architecture, l'invention, les proportions, la nature des constructions, relèvent du talent et de l'expérience de l'architecte.

Il n'y a donc rien de forcé dans l'hypothèse énoncée, que l'influence de l'esprit de système en *économie* des bâtimens pût s'étendre, sous les rapports des dépenses, sur les médicamens composés par d'habiles médecins.

Heureusement le régime des novateurs de 1778 ne fut point de longue durée; et les choses restèrent dans l'ordre naturel, à compter de 1781 jusqu'en 1791, ordre, malheureusement, qui a été interverti pendant trop d'années par la révolution, mais qui a reparu depuis dix-sept années.

Nouvel hôpital, ouvert en 1791.

Je dois, avant de terminer la première période du système *économique* de bâtir, indiquer un établissement qui ne compte d'origine que *vingt-cinq années*, et de l'espèce des constructions précédemment décrites, et dont les bâtimens principaux étaient achevés à cette époque.

Aux temps donc où l'on bâtissait avec tant d'*économie* dans les hôpitaux de la capitale, les grands et puissans *faiseurs* en ce genre proposèrent et obtinrent,

DE LA CONSTRUCTION DES BATIMENS.   53

après les merveilles qu'ils avaient opérées à l'Hôtel-Dieu, de former un nouvel établissement de troisième classe sur un lieu choisi au *sud* de Paris. Il s'agissait de loger *six cents* individus. On opéra de la manière suivante.

D'abord, pour le plan général, les ordonnateurs assignèrent aux anciens bâtimens conservés leurs destinations nouvelles ; et à l'égard des bâtimens neufs à construire, ils fixèrent les salles pour deux rangs de lits de six pieds de long, à *dix-huit* pieds six pouces de largeur, et non pas de 22 pieds, qui est la moindre dimension à donner. Les planchers furent commandés à 12 pieds de hauteur au rez-de-chaussée et au premier étage, au lieu de 15 pieds ; les murs des façades furent ordonnés d'être faits en moëllons d'une faible épaisseur, réduits encore par deux redents de *trois* pouces de chaque côté, à demi étage, et non pas à la hauteur du premier plancher. De simples chaînettes en pierre sont la seule confortation des trumeaux.

Le second étage, aussi à l'usage des salles, est construit en mansardes dont l'inclinaison des combles prive les malades du volume d'air qui leur serait nécessaire.

Voilà la structure générale et l'espèce des constructions en maçonnerie des bâtimens nouveaux. Le même esprit d'*économie* dirigea la construction de la charpente des planchers ; ils se composent ainsi :

Au rez-de-chaussée, chaque trumeau et son correspondant portent des poutrelles de *onze* à *douze* pouces de gros ; et sur elles reposent les travées des planchers.

Au premier étage, une solive de brin et deux chevrons composent chaque poutre qui ensemble portent le double fardeau des planchers et les fermes du comble brisé. Sans doute que de pareilles constructions ont été faites avec une *économie* complète dans toutes les parties.

Mais aussi quoique ces constructions comptent environ *trente années*, déjà, et depuis long-temps, il a fallu venir à leur secours ; et à l'instant même il faut se livrer à d'importantes réparations, travaux qui ne peuvent que se succéder.

Cet établissement est vicieux dans sa composition, vicieux dans sa construction ; cela est incontestable. Tels sont les fruits des systèmes nouveaux en bâtimens.

IV. DE LA RENAISSANCE, ET DE L'EXTENSION DU RÉGIME *économique* DES BATIMENS.

La révolution, dans le même esprit des *réformateurs de* 1778, avait établi, dès son apparition, des règlemens nouveaux dans l'administration des bâtimens publics ; des bureaux nombreux furent créés, et des chefs particuliers nommés pour présider à *l'ordre* et à *l'économie* dans cette branche importante des dépenses (1) ; et le résultat certain fut que les frais de ce régime si habilement constitué, excédaient réellement les dépenses elles-mêmes nécessitées par les travaux que l'on exécutait, lesquels se bornaient à cette époque aux simples réparations. Aucun monument nouveau ne fut érigé pendant les douze premières années de la révolution.

Mais à l'époque de 1808, d'importans et vastes édifices commençaient à être fondés dans la capitale. Le moment était favorable pour organiser une administration générale spéciale et nouvelle des travaux publics. Un régime *fortement* constitué prit naissance.

Dès-lors toutes les opérations de bâtiment furent centralisées et soumises à

---

(1) A cette époque, des administrateurs nouveaux, dans une visite que nous fîmes à Bicêtre, me tinrent ce langage : « tout en affaires de bâtiment jusqu'à ce jour, n'a été que désordre. Tout va être rappelé aux plus sûres, aux plus sages mesures. Des *devis*, des *devis* seuls nous suffisent, c'est ainsi que nous connaîtrons les dépenses en bâtimens que nous autoriserons avant l'exécution. »

A de pareils propos, je gardai le plus profond silence. Ces illuminés n'ont commis que des fautes en tous genres dans leur administration des bâtimens.

ce régime qui embrassa, sans exception, tous les établissemens de la ville, à la charge du Trésor public ; et ce régime est annoncé de toute part : *excellent*, *parfait*, surtout d'une *économie* rigoureuse et certaine.

Économie ! économie ! s'écriait-on (1); tout fléchit sous ce pouvoir extraordinaire qui commande aujourd'hui *l'ordonnance* et la *construction* des bâtimens.

En effet, les nombreux et vastes édifices qui s'érigent sous nos yeux, que le public croit être les productions des architectes auxquels il les attribuent, leur sont tout-à-fait étrangers pour la *composition* et pour la *construction*.

Cet état serait incroyable s'il n'était de toute notoriété. Il est constant que la disposition des plans, l'ordonnance des édifices publics, le genre, la nature de leur *construction*, tout est commandé maintenant à l'architecte.

« Il est constant que les projets conçus par un artiste sont modifiés, dénaturés
« même par un second et exécutés par un troisième, de telle sorte que les
« monumens sont élevés et construits par de nombreux collaborateurs, sans
« avoir un seul auteur (2). »

Or l'empire de cette puissance, toute jeune qu'elle soit, a pris un tel essor, ainsi que le porte la citation précédente, que :

Des architectes d'un mérite réel, cédant au besoin d'exercer leur art, acceptent par nécessité la condition de *rabaisser les cordes de leur lyre*, *d'en affaiblir les sons graves et majestueux*, et ce qui est pire encore, tels autres architectes consentent à donner leur nom comme auteur aux plus *pauvres*, aux plus *frêles* édifices, quoiqu'ils n'en aient tracé aucune ligne.

---

(1) Le mot *économie* est à l'ordre du jour, a dit ironiquement un littérateur, notre contemporain, mot fantastique et trompeur avec lequel on nous berce journellement.

(2) Extrait d'une pièce authentique, officielle, publiée en janvier 1815.

Je diffère à décrire ces mêmes *bâtisses* éphémères que l'on célèbre comme des monumens dignes de l'admiration publique. J'invoquerai un jour les lois imposées par la nature elle-même, pour la solidité des constructions, lois transgressées si fâcheusement dans ces tristes bâtisses.

Je mettrai en regard les éloges données à ces édifices, avec les vices dans leurs plans; je développerai les fausses combinaisons dans la distribution des forces dans le corps entier; je dirai la faiblesse des murs des façades; et les *faits, vérificateurs de la science*, attesteront la justesse des observations. Aussi, par une conséquence nécessaire, les *énormes* dépenses que ces constructions, dites *économiques*, ont occasionnées, deviendront très sensibles.

Je me borne, dans cette première partie de ce discours, et avant de le terminer, à m'expliquer de nouveau sur l'église de *la Madeleine*, monument le plus important d'architecture qui soit entrepris de nos jours, et qui fixe le plus l'attention de l'amateur des beaux-arts.

V. De l'Église de la Madeleine; des constructions a faire pour la solidité de ce temple; rejet du fer et des points d'appui indirects.

Les études, les méditations particulières et successives auxquelles je me suis livré sur l'*ordonnance* et la *construction* de ce monument, me commandent d'en parler de nouveau, aujourd'hui que des doutes, des obstacles se sont élevés contre l'ensemble de sa composition, et par une suite nécessaire contre ses constructions. Le succès dans l'érection de cet édifice, pour l'honneur de l'architecture en France, m'inspire seul ici.

L'église de la Madeleine est, par la grandeur de son module, par l'espèce de son plan, un *périptère*, dont les colonnes d'ordre corinthien ont *six* pieds de diamètre, *soixante* pieds de hauteur.

DE LA CONSTRUCTION DES BATIMENS.   57

Cet édifice, par le nombre de ses plattes-bandes, de ses plafonds, par la diversité de ses voûtes, dont la principale, d'un grand diamètre, embrasse le corps entier, élevée au-dessus du sol de l'église, de *soixante-dix-huit* pieds sous clef; cet édifice est au premier rang entre les monumens publics. Ses constructions doivent être toutes faites en pierre de taille. Ces considérations majeures indiquent assez les grandes difficultés à vaincre pour que ce temple soit solidement construit.

L'église de la Madeleine, dès ses premiers travaux commencés en 1764, a été soumise à des variantes nombreuses, en passant par les mains d'un second architecte, en 1774 (1).

Ce temple serait-il donc exposé à de constantes vicissitudes, à ne jamais parvenir à son achèvement ?

A l'époque où les travaux de ce monument recommencèrent, en 1808, sous la dénomination de *Temple de la Gloire*, sur un plan nouveau et tout autre que les deux premiers, j'annonçai que les fondemens et les murs déjà élevés, prescrits cependant d'être conservés par le Gouvernement d'alors, ne pouvaient servir au nouvel édifice (2); qu'il fallait les démolir tous, sans exception d'aucune de leurs parties. Ainsi le commandait la solidité des nouvelles constructions.

J'ai publié depuis des dissertations sur la grande voûte de ce temple, selon les plans adoptés et relatives aux murs qui doivent la porter (3).

J'ai dit les hautes considérations d'art et de *science* que la construction de ce

---

(1) M. *Contant*, le premier architecte, avait érigé, en partie, le chevet de son église : il mourut.

M. *Couture* lui succéda et changea totalement le plan déjà avancé dans son exécution. Cet architecte, incertain, flottant dans sa marche, *construisait* et *démolissait*.

La gravure a mis les plans des deux architectes, *Contant* et *Couture*, dans les mains du public, il peut en juger.

(2) III.e volume de mon œuvre, pag. 57 et suiv. Paris, 1812.

(3) Le titre de ces dissertations est : *De la voûte du Temple de la Gloire*, 4.e vol., pages 99, 100, etc. Paris, 1812.

8

grand édifice exigait dans les proportions générales et particulières de ses murs d'enceinte, desquelles seules résulterait la force qu'ils doivent avoir pour résister efficacement à la *puissance* des voûtes différentes qui lient ces murs à leur sommet ; et spécialement la grande voûte dont les dimensions obligées l'élèvent au rang des voûtes les plus importantes des monumens de Rome ancienne et moderne.

Aujourd'hui l'église de la Madeleine a tous ses fondemens nouveaux achevés ; les anciens ont été démolis en totalité, ce qui devait être fait, comme je l'avais annoncé. De plus, le stylobate extérieur *de douze pieds* de hauteur est construit ; sur lui sont plantées les files de colonnes du *périptère* qui encadrent le corps de l'église ; celles sur le front principal, celui de l'entrée, portent leur astragale, dont la hauteur au-dessus du stylobate est de cinquante-deux pieds (1). Mais les murs d'enceinte, à compter du dessus de leurs fondemens, ont été suspendus dans leur construction.

Malgré les progrès dans les travaux de cette église, et les très-grandes dépenses qu'ils ont exigés, de nouvelles révisions du plan général ont été ordonnées. Un nouveau plan a été tracé ; il annéantit en partie celui en exécution (2).

Si l'architecte chargé d'ériger sur ses plans, cet important édifice dont la composition, *ab ovo*, est grande et noble ; soumis qu'il est au régime extendeur de 1811, qui agit sur lui si puissamment, est obligé à des concessions nouvelles dans les distributions de son plan ; s'il doit toujours lutter contre l'adoption de parties étrangères, ou contre des suppressions qu'on lui imposera de faire ; dans ce cas, l'ordonnance entière de l'église de la *Madeleine*, sera totalement bouleversée ; conséquemment la construction en éprouvera l'altération la plus redoutable pour la solidité. Au milieu de ces variantes continuelles,

---

(1) Les quatre rangs de colonnes de la nouvelle église de la Madeleine sont maintenant élevés.
Journal des Débats, 17 octobre 1817.

(2) Cette particularité de la refonte du plan est connue d'un nombre d'architectes : j'en donnerai une description sommaire ci-après.

jamais l'édifice ne sera terminé ; et des *millions* auront été dépensés en pure perte !

L'on sait qu'une commission composée de *dix* membres a été appelée (en mai 1817), pour prononcer sur l'ensemble et les parties du plan en exécution *de l'eglise de la Madeleine.*

Sur cela on a dit : Cette *commission*, en la considérant toute composée de véritables architectes, et quoique revêtue d'un caractère officiel qui ne pouvait donner à ses membres, le *talent*, la *science*, *l'expérience* qui leur eût manqué ; une telle commission pouvait-elle juger *une cause de si haute science en construction ?* pouvait-elle se charger de la responsabilité qui eût pesée sur elle ? Sa création cependant avait cela pour but. Tout avait été disposé à cette fin.

Il ne s'agissait point de sa part, observons-le, de donner un simple avis sur des détails *en décors ;* par exemple, sur le choix des ornemens qui enrichiront les plattes-bandes, ni sur l'espèce des compartimens à faire dans les plafonds, dans les voûtes partielles de l'édifice, ni de celle principale qui doit le couvrir en entier.

La tâche à remplir par la commission, était, ce nous semble, de statuer sur toute la construction de l'église ; l'application raisonnée des principes constitutifs des forces *directes*, et nullement de celles *indirectes* et mécaniques : c'est-à-dire, les proportions dans les masses par lesquelles la *résistance* doit commander à la *puissance* surtout à l'égard de la poussée des voûtes, selon leur diamètre, selon l'espèce de leur courbure ; à cette fin, tous les membres devaient réunir un goût aussi délicat, qu'un jugement éclairé pour faire concourir les élémens qui constituent l'harmonie linéaire, et procurer à ce temple un noble caractère dans *l'ordonnance*, une *solidité réelle*, et même apparente, dans la *construction*.

Or avant tout, la commission, pour remplir avec succès ces conditions, devait établir en texte, le principe :

« Que les corps mêmes, dans un repos parfait, ont nécessairement une
« tendance au mouvement. »

Principe méconnu journellement dans les constructions nouvelles de nos édifices publics, et au grand détriment du trésor public.

C'est pourquoi les juges, dans ce procès nouveau intenté à l'auteur du plan de la *Madeleine*, devaient réunir au génie, à la science, au goût, une expérience éclairée, étendue. Mais la réunion de tant de qualités que les vrais architectes possèdent seuls, dans leur état actuel de dispersion, sans académie, le choix en était impossible.

Que l'on y réfléchisse.

« Les bons architectes sont des hommes rares, et aujourd'hui plus que « dans aucune des époques depuis la fin du XVIme j'usqu'au XIXme siècle. »

Cette remarque est vraie, et ne doit pas être dédaignée; elle est d'un écrivain distingué par ses lumières.

Donc une simple collection de quelques architectes *privilégiés*, une aussi mince collection d'artistes, n'a pu résoudre le problème qui lui a été adressé.

Si une telle fraction d'architectes, et composée comme elle était d'élémens divers, que par égard je ne classerai pas, je ne veux chagriner personne ; si cette commission des dix (elle n'existe plus) eût prononcé définitivement dans l'affaire de la *Madeleine*, et comme *tribunal en dernier ressort*, elle aurait servi, sans le penser peut-être, les ennemis de l'architecture : elle eût agi contre *l'art* et la *science*. Dans cette hypothèse, les architectes de France, les architectes étrangers mêmes, auraient eu le droit d'attaquer un jugement contraire aux principes éternels de *l'ordonnance* et de la *solidité*; principes dont l'observation est de rigueur, et qui intéressent toutes les nations civilisées et opulentes.

Il importait qu'un pareil scandale n'eût pas lieu; l'intérêt du Gouvernement le commandait dans celui *de l'art ;* dans celui de l'emploi des sommes considérables que doit coûter l'exécution entière du temple de la *Madeleine*.

Ce scandale cependant, par suite des causes qui ont donné naissance à ce même procès ; par suite aussi de la composition de la commission *ad hoc,* n'est-il pas effectué aujourd'hui ? n'aurait-elle pas influé dans l'admission plus ou moins partielle du second plan dont je donne la description ci-après ?

Certes, si l'académie d'architecture existait, aucune incertitude ne planerait encore sur le succès de l'exécution de l'église de la *Madeleine*, selon le plan adopté, et déjà élevé de *douze* pieds au-dessus de la voie publique : toute variante nouvelle serait rejetée ; de simple modifications pourraient avoir lieu, et non pas l'anéantisement des grands travaux des fondemens exécutés, ou la fonction qui leur était assignée, dénaturée. Les conseils que ce tribunal légitime composé des *maîtres de l'art*, donnerait, les moyens sûrs qu'il indiquerait, et cela après de longues méditations ; les formes n'en blesseraient point l'architecte de ce monument ; ces conseils ne le priveraient nullement de ses droits à la reconnaissance du Souverain, après l'achèvement heureux de son monument. En effet jamais l'académie d'architecture ne s'est permis de refondre, de manœuvrer les plans qui lui étaient présentés pour en recueillir des observations ; jamais elle n'imposa aux auteurs, ces décompositions honteuses et misérables commandées aujourd'hui sans exception, aux architectes, de faire dans leurs plans ; l'académie respectait trop *l'art*, et ceux qui l'exerçaient avec distinction, pour dénaturer les *projets les mieux conçus;* jamais enfin, dans ses séances, aucune résolution hostile a été prise sous l'influence d'une obscure intrigue, pour dépouiller un architecte de ses travaux et les procurer à un téméraire ambitieux ; *l'honneur*, les *règlemens*, comme on le sait, étaient pour le corps entier de l'académie, une barrière insurmontable contre de coupables prétentions.

L'intérêt donc du Gouvernement veut, insistons sur ce point, que l'église de la *Madeleine* soit construite avec *solidité;* les progrès où sont parvenus les travaux ordonnent de respecter les dernières et nouvelles constructions faites ; l'intérêt du Gouvernement interdit de les détruire dans les vues d'un *perfectionnement* trompeur.

L'érection de l'église de la Madeleine, d'ailleurs, intéresse la France entière dans sa fin particulière ; elle doit, dans son intérieur, recevoir les monumens expiatoires des horribles machinations qui ont immolé Louis XVI, la Reine et madame Élisabeth: les travaux doivent donc marcher sans retard, et avec activité (1).

L'architecte de la Madeleine, fort sans doute des études étendues qu'il a dû faire d'origine, et pendant *dix* années; ses constructions avancées comme elles le sont, quoiqu'appelé tout à coup devant les juges qui viennent d'être désignés, n'a pas dû les redouter; ils n'ont pu, quelles que soient leurs prétentions comme architectes, se mettre en mesure avec lui, qui connaît nécessairement son sujet. L'architecte aura tout fait pour défendre son plan; et soutenu par la force de la raison contre les tentatives qui l'ont tourmenté, il prolongera ses études pour assurer complètement la solidité que lui commande la science de la *construction*; par là, son édifice *périptère*, genre spécial des temples, qui ne convient qu'à eux seuls, tracé qu'il est pour produire un grand effet, lui méritera l'approbation publique.

Il n'en sera pas, espérons-le, à l'église de la *Madeleine* comme il est arrivé à celle de *Sainte-Geneviève*, dont il a fallu, malgré la garantie contre tout accident donné par de grands maîtres, ainsi nommés en la science de la *construction*, mais familiers seulement avec le jeu des x, y, z, lesquels soutinrent que les piliers du dôme avaient une force *décuple* à celle nécessaire pour porter la masse entière de cette coupole, assertion erronée qui fut défendue encore à l'époque de 1800 par des opérations ultérieures *physico-mécaniques*, à l'aide de *perpendicules*, jugées des plus rigoureuses en faveur de l'hypothèse avancée avec confiance, alors même que les colonnes *ventrues* et adhérentes aux piliers en démontraient la ruine prochaine.

Aussi, après toutes ces importantes garanties, la catastrophe effrayante qui eut lieu en 1804, la chute en gravois des colonnes et des assises du corps de ces piliers, démontra la nullité, l'impuissance de tant et de si belles *théories*.

---

(1) Le Roi, qui veut que cet édifice soit construit avec succès; ce prince qui connaît et protège l'architecture, a mandé l'architecte de la Madeleine pour en connaître par lui-même les plans: cet appel honorable a eu lieu en *avril* dernier; l'artiste a été accueilli par le Roi avec bonté.

Le Gouvernement détrompé par les faits, ordonne précipitamment la restauration de ces bases du dôme (1).

Il faut donc se défendre d'autant plus aujourd'hui de l'influence funeste des machinistes, des savans en x, y, z, pour les constructions du corps de l'église de la Madeleine, de ses *plattes-bandes*, *de ses plafonds*, *de ses voûtes*.

Il faut se défendre:

« De ce pouvoir unique qui commande et l'*ordonnance* et la *constrution* de tous les travaux publics de la capitale. »

Il faut que les péristiles qui encadrent l'église soient construits à la manière de ceux des anciens (2) : que les voûtes, comme celles de tous les monumens

---

(1) J'ai publié en mars 1797 mes premières recherches sur la ruine des piliers du dôme du Panthéon (Sainte-Geneviève), insérées dans le premier volume de mon œuvre.

La même année, j'ai livré à l'impression un mémoire pour la restauration dont j'ai fait graver en 1798 les plans et les coupes que j'avais composés à cette fin. Le mémoire est, ainsi que je l'ai dit, à la *seconde édition*.

D'ailleurs je me suis expliqué dans les différens ouvrages que j'ai publiés depuis la terminaison des travaux de ces piliers, sur l'abnégation totale de *jugement*, de *goût* et de connaissance en *architecture*, chez l'auteur de cette *restauration*. La nature est là ; que ceux qui ont des yeux regardent et s'en expliquent. Approuver cette restauration serait se faire une *famosité* en architecture vraiment extraordinaire.

(2) Si l'on m'opposait l'impossibilité d'avoir, à Paris, des pierres d'échantillon et pareilles à celles employées par les architectes de l'antiquité, je dirais qu'*aujourd'hui* on les obtiendrait ici par la voie des fleuves, des canaux qui les unissent et qui traversent nos PROVINCES.

A Strasbourg on travaille (année 1818), au parachèvement du péristile du théâtre; on y emploie des pierres de dimensions extraordinaires et de la qualité la plus dure, *espèce de grès*, qui ont jusqu'à *cent* pieds cubes de dimension.

Certainement, lorsque les Romains construisirent les arènes de *Nîmes*, dont les constructions, à leur sommet, sont faites de blocs de pierre de *vingt* pieds et plus en longueur, et d'une *forte* épaisseur; les Romains, dis-je, n'ont pas eu recours aux montagnes de l'Italie, mais bien aux carrières de France. La côte dite *Butte-aux-Cailles*, au *sud*, et près l'enceinte de Paris, contient des bancs de pierres dures d'un grand échantillon.

de l'antiquité, soient, par les masses qui doivent les contre-venter, dans un repos tel que leur puissance si redoutable soit complètement enchaînée et incapable de produire aucun mouvement, et pour le présent, et pour l'avenir; et cet avantage, l'édifice ne peut l'obtenir que des forces directes, et non pas *des grils de fer* (1). Il faut enfin qu'il n'ait à redouter que la main de l'homme destructeur auquel rien ne résiste.

~~~~~~~~~~~~~~~~~~~~~~~~~~~~~~

VI. Examen des deux plans de l'Église de la Madeleine ; sujets de l'appel de la commission spéciale de dix, en 1817.

L'examen suivant donnera un nouvel intérêt aux recherches qui précèdent; il fera connaître les fins directes de l'appel de la commission de 1817.

Les travaux de l'église de la Madeleine avaient donc marché progressivement jusqu'en 1816; les fondemens à cette époque étaient totalement terminés selon le plan de l'architecte chargé de ces importans travaux, et tels qu'on les connaît.

Néanmoins dans cette même année 1816, un nouveau plan est présenté comme supérieur à celui en exécution.

Les circonstances, quoique si contraires aux temps actuels à l'architecture, ne déterminent pas sur-le-champ d'abandonner les premiers plans. Il fut décidé qu'une commission composée de *dix* membres, prononcerait entre le plan en construction et celui qui devait lui être substitué, revêtu à cette

---

(1) Les déchets de la pierre pour les claveaux selon l'appareil en vogue, l'emploi des grils de fer, dont la main-d'œuvre est considérable. Ce genre moderne de bâtir est d'une dépense énorme; il est soumis aux chances les plus incertaines pour la durée de l'édifice.

fin d'une acceptation authentique. Tout avait été conduit à merveille, par l'auteur du nouveau plan, pour faire abandonner celui de l'architecte.

Examinons l'un et l'autre plan de l'église de la Madeleine, sous les rapports de la *composition* et de la *construction*.

Il ne s'agit point dans cet examen de faire prévaloir aucun système en architecture, d'admettre tel ou tel genre de préférence, de tenir à une *vieille mode*, ni de réclamer en faveur d'une *nouvelle* qui serait d'une plus grande *pureté*, mot tant usité par nos *capables*, tout système à cet égard anéantirait l'empire que le jugement et le goût doivent exercer sur les productions de l'architecture. Tout système s'oppose à la composition d'un édifice beau et solide.

Le parallèle suivant fera connaître lequel des deux plans en question doit l'emporter sur l'autre.

Composition du plan de l'architecte dans l'intérieur de l'église.

L'érection du plan accepté en 1808, et, comme on le sait, continuée jusqu'en 1816 ; les travaux se bornèrent en 1817 au seul *périptère* extérieur. La raison de cette mesure extraordinaire était la production d'un nouveau plan. L'intérieur de l'église tracé par l'architecte, consistait en trois divisions sur sa longueur, d'une ordonnance de *huit* colonnes corinthiennes de *quatre* pieds de diamètre, de chaque côté de la nef de 60 pieds de largeur (1), groupées deux à deux sur leur front, et couronnées par un entablement au-dessus duquel prennent naissance de larges arcs doubleaux de plein cintre, distribuant la grande voûte de la nef ; ces groupes de colonnes sont tels qu'on voit ceux établis depuis quelques années dans la galerie du *Muséum*

---

(1) Dernière dimension donnée à cette partie principale de l'édifice, au lieu de *soixante et treize* pieds *dix* pouces, et alors que l'architecte en fit les études, pour être une *église*, au lieu d'un *temple de la Gloire*.

au Louvre, et non pas telles que les colonnes *couplées* du *péristile* à l'est du même palais, employées par le célèbre Perrault.

Le fond de l'église, au-delà du dernier groupe de colonnes, est demi-circulaire, dont la voûte en cul-de-four, est le quart d'une sphère.

Ce plan intérieur, par ses groupes de colonnes, ses arcs doubleaux, sa voûte continue de plein cintre, eût offert dans son exécution, des effets d'architecture larges et heureux. Ces groupes, de plus, avaient l'avantage précieux de concourir à la solidité de l'édifice entier ; car ils facilitaient des renforts aux murs d'enceinte du temple, d'une grande ressource pour contre-venter la voûte de *soixante pieds*. Tout architecte savant en jugera ainsi.

Citons à ce sujet une observation juste qui lui est applicable.

Un auteur, notre contemporain, a dit :

« La solidité est l'un des principaux caractères d'un édifice. Tout l'art,
« tout l'effort du génie, est d'en masquer les lourds effets par des beautés,
« et c'est en cela que la colonne est d'une merveilleuse invention ; elle sert,
« soit à remplacer les piliers, soit à cacher les désagréables massifs dont
« on ne peut cependant se passer pour établir un parfait équilibre entre
« les masses soutenues et les masses soutenantes (1). »

Observons que la voûte de la nef de l'église de la Madeleine, d'après les études de l'architecte, eût été de l'espèce de la nef de l'église du *Val-de-Grâce*, chef-d'œuvre digne du génie et du goût de Mansard.

Ce genre de voûte convenait parfaitement au plan parallélogramme du nouveau temple ; elle eût été décorée de compartimens larges et variés, et enrichie de bas-reliefs divers.

---

(1) *Annales des Bâtimens*, n° IV. Sep-tembre 1817, page 175.

En décrivant le plan de l'église de la Madeleine, dont les colonnes sont groupées, sans doute que les *puristes* de nos jours, en architecture, auront souri du rapprochement que j'aurais fait de l'ordonnance d'un temple avec celle d'un palais.

Eh bien, qu'ils me permettent de leur observer que je ne confond nullement ici les genres en architecture, sacrifiés aujourd'hui avec une rare insouciance dans les plus importans monumens publics.

Le plan d'un temple lui est particulier; d'où résulte, dans l'ordonnance, un caractère propre et spécial.

L'on sait d'ailleurs que les colonnes peuvent être espacées diversement; isolées, groupées selon les données générales du plan de l'édifice, selon les distributions nécessaires; n'importe sa destination, n'importe la nature de l'ordonnance, ou *simple* ou *tempérée* ou *somptueuse;* dorique, ionique ou corinthienne. Le genre naît essentiellement de la disposition des masses, de la distribution du plan, de la combinaison des lignes que le génie de l'architecture sait inspirer.

J'ai donc pu, entre les diverses espèces d'espacemens dont sont susceptibles les colonnes, citer celles groupées de nos jours dans la galerie du Louvre, non comme autorité, seulement comme exemple que cette espèce d'espacement, employée par l'architecte de la Madeleine, n'est point à réprouver.

Mais ce qui milite le plus en faveur de la composition intérieure que nous examinons est d'y voir masquer les massifs dont la forme parallélogramme du plan et surtout la grande voûte de *soixante pieds* de diamètre, ne lui permettaient point de se passer. L'artiste, donc, en groupant deux colonnes sur chacun des massifs, avait concilié heureusement la magnificence nécessaire à l'ordonnance de cette grande et principale partie du temple avec la *solidité;* par-là un équilibre parfait eût régné entre les masses *soutenues* et les masses *soutenantes*.

Composition du plan intérieur, dit RECTIFIÉ.

La forme parallélogramme du plan *périptère* de l'architecte, à l'extérieur, est conservé par l'auteur *inconnu* de ce deuxième plan rectifié; raison qui a permis l'érection seulement des colonnes du *périptère*. Mais l'ordonnance intérieure de l'église est totalement changée dans celui-ci.

Une colonne solitaire de *quatre pieds* de diamètre, et d'ordre corinthien remplace chaque groupe de colonnes du premier plan. Ainsi, sur une longueur de *cent soixante pieds*, *quatre* colonnes composent toute l'ordonnance de chacun des côtés de la nef!

Ces colonnes solitaires, réduites à *trois pieds quatre pouces* de diamètre à leurs chapitaux, sont couronnées par un entablement complet; architrave, frise et corniche profilées sur les angles saillans; au-dessus s'élève un arc doubleau de même dimension, *trois pieds quatre pouces* de largeur, et *soixante pieds* de diamètre, qui est celui de la nef.

Trois autres pareils arcs doubleaux de chaque côté de la nef, et de même diamètre, *soixante pieds*, ensemble, quatre, unissent les susdites colonnes de file, qui distribuent les côtés chacun en trois travées.

Le fond de l'église est aussi demi-circulaire comme cette même partie dans le plan précédent; la voûte est également en cul-de-four.

A l'aspect de ce plan général de l'intérieur, de dimensions aussi grandes, dont l'ordonnance entière n'offre que *huit* colonnes, et de *quatre pieds* de diamètre;

A l'aspect de la saillie âpre et dure de l'entablement sur chacune des colonnes, et de leurs étroits arcs doubleaux de *trois pieds quatre pouces* qui s'élèvent sur elles, encadrant ensemble trois voûtes de forme sphériques contiguës et d'un faible segment, ayant *soixante pieds* de corde;

A l'aspect, enfin, d'une pareille composition *maigre* et *pauvre*, si elle était exécutée, on croirait être retourné aux siècles du Bas-Empire; elle blesserait les yeux les moins exercés.

Mais si l'on se rend compte du genre de la construction, nécessité selon ce plan, on reconnaît aussitôt, d'après la dépendance réelle et bien établie qui existe entre l'*ordonnance* et la *construction*, qu'elles seraient l'une et l'autre également vicieuses dans cette nouvelle composition.

Quoi ! un seul cube de 3 pieds 4 pouces, l'architrave des colonnes d'ordre corinthien de 4 pieds de diamètre à leur base, serait le soutien des arcs de cercle de *soixante* pieds de diamètre, et des panaches qui les unissent chargés de voûtes en calottes ! L'esprit en est effrayé.

Donc tout, dans ce plan dit *perfectionné*, est erreur.

L'auteur de cette production *bâtarde*, car elle n'est nullement *légitime*, a puisé l'idée de ses voûtes de forme sphérique, ou portion de sphère, dans l'église Sainte-Geneviève, où elles sont employées. Mais combien est grande la différence entre la conception du plan de la Madeleine, que nous examinons, et celui de la patrone de Paris !

Le plan ingénieux du temple de Sainte-Geneviève est une croix grecque : quatre voûtes en *calotte*, de forme sphérique, s'y correspondent dans chaque nef avec une symétrie heureuse et complète. Chacune d'elles, d'origine, s'élevait au-dessus de quatre arcs doubleaux de plein cintre (1) ; ici le diamètre a *quarante* pieds, et la hauteur des voûtes *dix* pieds, ou le quart du diamètre.

Si les arcs doubleaux à Ste-Géneviève, eussent été construits tels que l'architecte les avait conçus et tracés d'origine, cette partie de l'édifice eût été solide.

---

(1) Les coupes publiées par Soufflot en 1757, et gravées par Bellicart, ainsi que les charmantes gravures de *Germain*, citées précédemment; et les unes et les autres offrent ces beaux et larges arcs doubleaux.

J'ai dit comment ces voûtes avaient été altérées par la substitution de lunettes gothiques.

Le plan de l'église de la Madeleine est un parallélogramme. Dans celui dit *perfectionné*, qui conserve cette forme, les trois voûtes sont *contiguës* les unes aux autres; et sur *soixante* pieds de diamètre, elles ont à peine *huit* pieds de hauteur. De telles voûtes n'ont rien de beau.

Je ne pense pas que l'on prétendît s'autoriser de l'exemple de la voûte de la nef de Saint-Paul de Londres, qui offre de pareilles voûtes divisées également par d'étroits arcs doubleaux. Le plan du temple de la capitale de l'Angleterre, célèbre à bien des égards, où le génie et la science brillent plus que le goût; ce plan est bien différent dans sa composition, et le large arc doubleau où aboutissent ces voûtes partielles les soutient comme *ordonnance* et comme *construction*. D'ailleurs, dans ce vaste édifice, l'imagination du spectateur est ébranlée par l'importance des masses, et principalement le grand module du dôme.

Au contraire, l'intérieur de l'église de la Madeleine à Paris, selon le *perfectionneur*, à compter du seuil jusqu'au fond, par la maigreur des parties dans l'ensemble de sa composition, les ressauts des voûtes en *calotte*, sa disparité en dimension avec celle de la voûte en *cul-de-four* du rond-point; une telle *ordonnance* n'en imposerait à personne; un froid glacial serait l'impression qu'éprouverait quiconque visiterait l'église comme monument.

En vain pour faire admettre ce plan tout nouveau qui, dans sa nef, est une fausse imitation du *temple de la Paix*, qui n'a que quatre colonnes sur chacun de ses côtés, mais dont le diamètre a *six* pieds (1); en vain, dis-je, prétendrait-on y adapter un petit ordre dans le genre de l'ordonnance des *Thermes* des anciens; ce système blesserait le goût et le jugement.

En voici la raison.

Un petit ordre, loin de faire valoir le grand ordre, l'obstruerait au contraire;

---

(1) J'ai décrit le *Temple de la Paix* dans le 1ᵉʳ tome de mon *Œuvre*, chapitre x, page 35. Paris, 1797.

il romprait l'unité que commande toute grande composition, et surtout celle d'un temple ; et si l'on ne veut pas dédaigner entièrement les convenances que les genres prescrivent dans toutes les productions de l'esprit, serait-il à propos, on le demande, de composer l'intérieur d'un *édifice sacré* dans le même genre de celui des *Bains* des empereurs romains? Jamais les anciens, aux beaux temps des arts, se seraient avisés de confondre l'*ordonnance* d'un édifice consacré AUX DIEUX avec celle des édifices destinés aux plaisirs des SOUVERAINS. Aussi les plans des *temples* étaient-ils carrés, ou parallélogrammes, ou ronds. Les plans des *Thermes* se composaient d'une grande variété de distributions et de dimensions diverses, et toujours d'une vaste étendue.

L'on ne doit donc point s'autoriser d'exemples d'églises existantes à Rome, construites de fragmens des Thermes des empereurs; les temps, le besoin ont seuls déterminé ce parti.

OBSERVONS que les *Chartreux* dont le couvent, quoique vaste, ne soit assis cependant que sur une faible partie de l'enceinte entière des *Thermes* de Dioclétien ; observons que leur église est établie dans la pièce dite salle du *Siste*, la plus grande des distributions intérieures du corps principal du bâtiment des bains, et qui en occupait le centre. La forme première, dénaturée, fut convertie en celle d'une croix grecque, décorée de *seize* colonnes, toutes d'un grand module, d'un même diamètre; huit de ces mêmes colonnes de granit antique, les huit autres de construction moderne. Le petit ordre, dans cette même salle du *Siste*, n'occupait que deux des travées ; celle du milieu n'en était décorée qu'en arrière-corps, et non pas de file.

ENFIN, l'addition d'un petit ordre dans l'ordonnance intérieure de l'église de la Madeleine, n'ajouterait rien pour la solidité du nouveau plan à *huit* seules colonnes solitaires, *quatre* sur chaque côté, tant accueilli à son apparition subite, et que l'on voudrait faire exécuter.

Concluons. Le plan dit *perfectionné* de l'église de la Madeleine, qui détermina l'appel de la commission des *dix*. Le plan, les coupes, ne sont ni beaux, ni solides. Ceux de l'architecte, selon la description qui précède et qui est exacte, ont au contraire de véritables beautés ; ils offrent de grandes ressources pour la solidité : cela est incontestable (1).

J'appelle sur cette proposition le jugement de tous les architectes, et Français et étrangers.

Hélas! ces débats nouveaux élevés sur le plan de l'église de la Madeleine qui se construisait, sont des preuves à ajouter à toutes celles démontrées dans ce discours : *de la Chute imminente de la science de la construction* ; ils mettent dans le plus grand jour l'action fatale de ce pouvoir universel qui commande tout en architecture : *ordonnance* et *construction*. Ce sont les architectes instruits qu'il faut consulter,

« Et non ces ignorans de nos jours qui font tant de bruit, et qui, malgré
« l'arrogance de leurs prétentions, dans le fait, n'entendent rien à de pareilles
« matières. »

---

(1) J'ai dit que le plan à colonnes solitaires de la *Madeleine* était un amalgame de celui de la Paix et des Thermes des anciens, mais avec la très-grande différence que tout est *force* dans les constructions de ces édifices de l'antiquité, tandis que dans la construction de l'église de la Madeleine, nouvellement projetée, tout est *faiblesse*.

FIN

DE LA PREMIÈRE PARTIE.

www.ingramcontent.com/pod-product-compliance
Lightning Source LLC
LaVergne TN
LVHW051506090426
835512LV00010B/2380